El Vino Nuevo

EDITORIAL PENIEL
Boedo 25
Buenos Aires, C1206AAA
Argentina
Tel. 54-11 4981-6178 / 6034
e-mail: info@peniel.com
www.peniel.com

Diseño de cubierta e interior:
ARTE PENIEL • arte@peniel.com

Publicado originalmente en inglés con el título:
The True Vine
Meditations for a month on John 15:1-16
Este texto es de dominio público.

Murray, Andrew
El vino nuevo. - 1a ed. - Buenos Aires : Peniel, 2009.
160 p. ; 17x11 cm.
Traducido por: Ronald Barba
ISBN 10: 987-557-236-5
ISBN 13: 978-987-557-236-2
1. Vida cristiana. I. Barba, Ronald, trad. II. Título
CDD 248.5

Impreso en Colombia / Printed in Colombia

El Vino Nuevo

Secretos de una vida productiva

BUENOS AIRES - MIAMI - SAN JOSÉ - SANTIAGO
www.peniel.com

"(...) el misterio que había estado oculto desde los siglos y edades, pero que ahora ha sido manifestado a sus santos, a quienes Dios quiso dar a conocer las riquezas de la gloria de este misterio entre los gentiles; que es Cristo en vosotros, la esperanza de gloria."

Colosenses 1:26-27

Índice

Solo un pámpano

"*Yo soy la vid, vosotros los pámpanos*"
(Juan 15:5).

Es solo un pequeño pámpano,
una cosa tan frágil y tan débil,
pero ese pequeño pámpano tenía un mensaje
verdadero para dar.
Si tan solo pudiera hablar.
"Soy un pequeño pámpano,
vivo por medio de una vida que no es mía,
porque la savia que fluye a través de mis
sarmientos más chicos
es la sangre de la vida de la vid.
De hecho ningún poder tendría
para producir el fruto de mi vida,
pero desde que soy parte de la vid viviente,
puedo compartir de su fertilidad.

¿Se pregunta usted cómo puedo permanecer?"
¿Cómo puede mantener esta vida?
Estoy unido a la vid por el poderoso lazo de la vida,
y solo debo permanecer,
en donde mi vida fue dada por primera vez,
En el lugar en el que estoy establecido,
sostenido y levantado mientras pasan los días,
por el tallo que aún me sostiene.
No temo a los días futuros,
no vivo en el pasado,
Mientras que momento a momento llevo una vida,
que por siempre durará.
Los luminosos rayos del sol me dan su calor,
los cuales con dulzura llenan mi fruto.
Sin embargo, no soy dueño de los frutos que hay por ahí,
porque todos vienen de la misma raíz.
Una vida que no me pertenece
sino que es la vida de otro en mí:
este, este es el mensaje que el pámpano daría.
Un mensaje para ti y para mí.
Oh, no luches para "permanecer",

Ni trabajes para "producir fruto",
Más bien deja que Jesús mismo te una a Él,
como el pámpano de la vid a la raíz.
Tan simple, tan profundo, tan fuerte
será esa unión con Él:
Su vida reemplazará para siempre a la tuya
y su amor fluirá a través de ti,
porque el fruto de su Espíritu es amor.
Y el amor llegará a ser tu vida,
y para siempre en su corazón de amor
tu espíritu tendrá su hogar.

Freda Hanbury

Prefacio

Me he sentido impulsado a tratar de escribir algo que los jóvenes cristianos puedan aprender fácilmente, como una ayuda para que piensen que la vida cristiana debe ser un éxito. Es como si aquí no se encontrara ninguna de las tentaciones ni de los fracasos principales de la vida cristiana. La intimidad, la suficiencia, la fidelidad del Señor Jesús, la naturalidad, la fertilidad de una vida de fe, están reveladas de tal manera que uno puede decir con confianza: Deje que la parábola entre en el corazón, y todo estará bien.

Que el Señor conceda la bendición. Que Él nos enseñe a estudiar el misterio de la vid en un espíritu de adoración, esperando la enseñanza del mismo Dios.

1

La vid

"Yo soy la vid verdadera" (Juan 15:1).

Todas las cosas terrenales son las sombras de las realidades celestiales, la expresión natural y las formas visibles de la invisible gloria de Dios. La vida y la verdad están en los cielos, en la Tierra tenemos figuras y sombras de las verdades celestiales. Cuando Jesús dice: *"Yo soy la vid verdadera"*, nos dice que todas las vides de la Tierra son representaciones y emblemas de su vida. Él es la realidad divina, de la cual ellas son la expresión creada. Todas apuntan hacia Él, lo predican y revelan. Si usted conoce a Jesús, estudie todo sobre la vid.

¿Cuántos ojos han visto y han admirado una gran vid con su hermoso fruto? Venga y vea la vid celestial hasta que sus ojos se vuelvan de cualquier otro lugar para admirarlo a Él. ¿Cuántos en un clima soleado, se sientan y descansan bajo la sombra de una vid? Venga y quédese tranquilo bajo la sombra de la vid verdadera, y descanse del calor del día debajo de ella. ¡Cuán innumerables son los que se regocijan con el fruto de la vid! Venga, tome y coma del fruto celestial de la vid verdadera, y permita que su alma diga: "Me senté bajo su sombra con gran deleite, y su fruto fue dulce a mi paladar".

"Yo soy la vid verdadera". Este es un misterio celestial. La vid terrenal le puede enseñar a usted mucho acerca de la vid del cielo. Aparecen muchos interesantes y hermosos puntos de comparación y nos ayudan a pensar en lo que Cristo quiso decir. Pero tales pensamientos no nos enseñan a conocer lo que realmente es la vid celestial, en la frescura de su sombra y en su fruto que da vida. Experimentar esto es una parte del misterio oculto, el cual nadie, excepto Jesús por medio de su Espíritu Santo, puede descubrir e impartir.

"Yo soy la vid verdadera". La vid es el Señor viviente, es Él mismo quien habla, y da, y produce todo lo que Él tiene para nosotros. Si usted busca conocer el significado y el poder de esa palabra, no piense encontrarlo por medio del pensamiento o del estudio; el pensamiento o el estudio pueden ayudar a mostrarle lo que usted debe conseguir de Él para despertar el deseo, la esperanza y la oración, pero no pueden mostrarle la vid. Solo Jesús puede revelarse a sí mismo. Él da su Espíritu Santo para abrir los ojos y poder verle y para abrir el corazón para recibirle. Él debe decir la palabra para usted y para mí.

"Yo soy la vid verdadera". ¿Y qué debo hacer si quiero el misterio, en toda su belleza y bendición celestial, abierto para mí? Con lo que usted ya conoce de la parábola, humíllese y permanezca en silencio, adore y espere hasta que la palabra divina entre en su corazón y usted sienta su santa presencia con usted y en usted. La cobertura de su amor santo le dará la perfecta calma y el descanso de saber todo lo que la vid hará.

"Yo soy la vid verdadera". El que habla es Dios, en su infinito poder es capaz de entrar en nosotros. Él es hombre, es uno con nosotros. Él es el crucificado, quien ganó una justicia perfecta y una vida divina para nosotros a través de su muerte. Él es el glorificado, quien desde el trono da su Espíritu para que su presencia sea real y verdadera. Él nos habla, oh, escuche, no solo sus palabras, sino a Él mismo, cuando susurra secretamente día tras día: "¡Yo soy la vid verdadera! ¡Yo estaré para ti!". Él es todo lo que la vid puede ser para su pámpano.

Santo Señor Jesús, vid celestial del plantío de Dios, te ruego que te reveles a mi alma. Deja que el Espíritu Santo, no solo en pensamiento, sino en experiencia, me haga conocer todo lo que tú, el Hijo de Dios, eres para mí como la vid verdadera.

2

El labrador

"Y mi Padre es el labrador" (Juan 15:1).

Una vid debe tener un labrador para plantar y cuidar, para recibir y para regocijarse en su fruto. Jesús dice: "Mi Padre es el labrador". Él era "la vid del plantío de Dios". Todo lo que Él era y todo lo que hizo, se lo debía al Padre; en todo Él solo buscó la voluntad y la gloria del Padre. Él se había hecho hombre para mostrarnos lo que una criatura debería ser para su creador. Él tomó nuestro lugar, y el espíritu de su vida delante del Padre siempre fue lo que Él busca que sea el nuestro: "Todas las cosas son de Él, por medio de Él y para Él". Él se convirtió en la vid verdadera para que nosotros podamos ser pámpanos verdaderos. Tanto en relación a Cristo como en relación a nosotros, estas palabras nos enseñan las dos lecciones de absoluta dependencia y de perfecta confianza.

"Y mi Padre es el labrador". Cristo siempre vivió en el espíritu de lo que Él una vez dijo: "No puede el Hijo hacer nada por sí mismo" (Juan 5:19). Tan dependiente como una vid depende de un labrador en el lugar en donde tiene que crecer, por el cerco que debe tener, por el riego y la poda que necesita. Cristo se sentía totalmente dependiente del Padre cada día debido a la sabiduría y la fuerza que necesitaba para hacer la voluntad de su Padre. Como lo dijo en el capítulo anterior (Juan 14:10): "Las palabras que yo os hablo, no las hablo por mi propia cuenta, sino que el Padre que mora en mí, Él hace las obras". Esta dependencia absoluta tenía como complemento la confianza más bendita porque Él no tenía nada que temer: El Padre no lo decepcionaría. Con un labrador como su Padre, Él podía entrar en la muerte y en el sepulcro. Él podía confiar en que el Padre lo resucitaría. Todo lo que Cristo es y todo lo que tiene, no lo tiene en sí mismo, sino que viene del Padre.

"Y mi Padre es el labrador". Esto es tan bienaventuradamente cierto para nosotros como para Cristo. Jesús está a punto de enseñarles a sus discípulos acerca de que ellos son los pámpanos. Antes de usar esa palabra o de hablar sobre cómo permanecer en Él o acerca de cómo llevar fruto, Él dirige los ojos de ellos hacia el Padre que está en el cielo protegiéndolos y protegiendo todo lo que está en ellos. En la raíz de toda vida cristiana descansa el pensamiento de que Dios va a hacerlo todo, de que nuestro trabajo es entregarnos a Él y poner nuestras vidas en sus manos, en una confesión de total incapacidad y de total dependencia, en la audaz confianza en que Él nos dará todo lo que necesitamos. La gran carencia en la vida cristiana es que aún cuando confiamos en Cristo, no tomamos en cuenta a Dios. Cristo vino para llevarnos hacia Dios. Cristo vivió la vida de un hombre exactamente como nosotros tenemos que vivirla. Cristo, la vid, señala a Dios el labrador. Así como Él confiaba en Dios, así nosotros confiemos en Dios, en que todo lo que debemos ser y todo lo que debemos tener, como quienes pertenecemos a la vid, nos será dado desde el cielo. Isaías dijo: "En aquel día cantad acerca de la viña del vino rojo. Yo Jehová la guardo, cada momento la regaré; la guardaré de noche y de día, para que nadie la dañe" (Isaías 27:2-3). Antes de que empecemos a pensar en el fruto o en los pámpanos, tengamos nuestros corazones llenos de fe: Tan glorioso como la vid, es el labrador. Así como nuestro llamado es alto y santo, así también poderoso y afectuoso es el Dios que hará que todo funcione bien. Así como el labrador hizo que la vid fuera lo que tiene que ser, Él hará que cada pámpano sea lo que debe ser. Nuestro Padre es nuestro labrador, Él es la seguridad de nuestro crecimiento y de nuestro fruto.

Bendito Padre, somos tu labranza. ¡Oh, que tú puedas ser honrado por la obra de tus manos! Oh, Padre mío, deseo abrir mi corazón al gozo de esta maravillosa verdad: Mi Padre es el labrador. Enséñame a conocerte y a confiar en ti, y a ver que el mismo profundo interés con el que cuidas la vid y te deleitas en ella, se extiende a cada pámpano, y a mí también.

3

El pámpano

"Todo pámpano que en mí no lleva fruto, lo quitará" (Juan 15:2).

Aquí tenemos una de las palabras principales de la parábola de los pámpanos. Una vid necesita pámpanos: Sin pámpanos la vid nada puede hacer, no puede dar ningún fruto. Tan importante como aprender acerca de la vid, y acerca del labrador, es ver qué es el pámpano. Antes de que escuchemos lo que Cristo tiene para decir al respecto, en primer lugar entendamos qué es un pámpano, y qué nos enseña acerca de nuestra vida en Cristo. Un pámpano es simplemente un trozo de rama, producido por la vid con el único propósito de servirse de ella para producir su fruto. La rama o pámpano es de la misma naturaleza de la vid, y tiene una vida y un espíritu con ella. Solo piense un momento en las lecciones que esto nos sugiere.

Encontramos la lección de la entera consagración. El pámpano solo tiene una razón para existir, solo un propósito al cual está totalmente rendido. Es decir, dar el fruto que la vid desea producir. Y así también el creyente tiene una sola razón para existir como pámpano, y solo una razón para existir en la Tierra, para que la vid celestial pueda producir su fruto a través de Él. Feliz el alma que sabe esto, y que está totalmente de acuerdo con ello, y que dice, yo he sido redimido y vivo solo para una cosa, así como la rama natural existe sola y exclusivamente para producir fruto, yo también; así como la vid celestial existe exclusivamente para producir fruto, yo también. Así como he sido sembrado por Dios en Cristo, así también me he entregado totalmente para dar el fruto que la vid desee producir.

Encontramos la lección de la semejanza perfecta. El pámpano es exactamente como la vid en todo sentido, la misma naturaleza, la misma vida, el mismo lugar, el mismo trabajo. En todo esto son inseparables. Y por eso como creyentes debemos saber que somos partícipes de la naturaleza divina, y que tenemos la misma naturaleza y el mismo espíritu de Cristo en Él, y que nuestro único llamado es el de rendirnos a una perfecta semejanza con Cristo. El pámpano es la perfecta semejanza de la vid; la única diferencia es que uno, es grande y fuerte, además de ser la fuente de poder; y el otro, es pequeño y débil, y siempre está necesitando y recibiendo fuerza. Aún así, el creyente es y debe ser siempre, la perfecta semejanza de Cristo.

También está la lección de la dependencia absoluta. La vid tiene sus reservas de vida, de savia y de fuerza, no para sí misma, sino para los pámpanos. Los pámpanos son, y no tienen nada sino, lo que la vid les provee e imparte. El creyente es llamado, y en su más alta bienaventuranza, a entrar en una vida de total e incesante dependencia en Cristo. Día y noche, y a cada momento, Cristo obrará en nosotros todo lo que necesitamos.

Y además, encontramos la lección de la confianza indiscutible. El pámpano no tiene ningún remedio; la vid provee todo; lo único que el pámpano tiene que hacer es rendirse y recibir. Es el conocimiento de esta verdad lo que nos lleva al bendito descanso de la fe, y al verdadero secreto del crecimiento y de la fuerza: "*Todo lo puedo en Cristo que me fortalece*" (Filipenses 4:13).

¡Qué vida vendría a nosotros si tan solo consintiéramos en ser pámpanos! Amado hijo de Dios, aprenda la lección. Usted solo tiene que hacer una cosa: ¡Solamente ser un pámpano, nada más, y nada menos! Simplemente sea un pámpano; Cristo será la vid que provee todo. Y el labrador, el Dios todopoderoso, quien hizo que la vid fuera lo que es, sin duda hará que el pámpano sea lo que debe ser.

Señor Jesús, oro a ti, para que me reveles el misterio celestial del pámpano, en su viva unión con la vid, en su derecho a exigir toda su plenitud. Y deja que solo tu suficiencia, sosteniendo y llenando tu pámpano, me lleve al descanso de la fe que sabe que tú eres el creador de todo.

2

El fruto

"Todo pámpano que en mí no lleva fruto, lo quitará" (Juan 15:2).

El fruto. Esta es la siguiente palabra maravillosa que tenemos: La vid, el labrador, el pámpano y el fruto. ¿Qué tiene el Señor para decirnos acerca del fruto? Simplemente esto, que el fruto es lo único por el cual el pámpano existe y que, si no da fruto, el labrador lo quita. La vid es la gloria del labrador; el pámpano es la gloria de la vid; el fruto es la gloria del pámpano; si el pámpano no produce fruto, no hay gloria ni valor alguno en Él; es una ofensa y un obstáculo; y el labrador lo quita. La única razón para la existencia de un pámpano, la única marca que identifica a un pámpano verdadero de la vid celestial, la única condición para que el labrador le permita al pámpano compartir la vida de la vid es: Dar fruto.

¿Y qué es el fruto? Es algo que el pámpano produce, no para sí mismo, sino para su dueño; es algo que debe ser cosechado y quitado. En realidad, el pámpano recibe la savia de la vid para poder vivir, así puede crecer y hacerse más grueso y más fuerte. Pero esta provisión para su mantenimiento está totalmente subordinada al cumplimiento del propósito de su existencia, es decir, dar fruto. Debido a que los cristianos no entienden, o no aceptan, esta verdad fracasan en sus esfuerzos y en sus oraciones tratando de vivir la vida del pámpano. A menudo ellos la desean sinceramente; leen, meditan y oran, y aún así fracasan, luego se preguntan, ¿por qué? La razón es muy simple: ellos no saben que el dar fruto es la única razón por la que han sido salvados. Así como Cristo se convirtió totalmente en la vid verdadera con un único objetivo, usted también ha sido hecho un pámpano, con el único objetivo de dar fruto para la salvación de los hombres. La vid y el pámpano están igualmente bajo la ley inalterable del fruto como la única razón de su existencia. Cristo y el creyente, la vid celestial y el pámpano, tienen igualmente su lugar en el mundo exclusivamente con un solo propósito, llevar a los hombres el amor salvador de Dios. De aquí la palabra solemne: *"Todo pámpano que en mí no lleva fruto, lo quitará"*.

Seamos conscientes especialmente de un gran error. Muchos cristianos piensan que su propia salvación es lo primero: Su vida y su prosperidad temporal, con el cuidado de sus familias, lo segundo; y lo que quede del tiempo y de los intereses puede ser dedicado para dar fruto, para la salvación de los hombres. No es ninguna sorpresa que en la mayoría de los casos quede muy poco tiempo y muy poco interés. No, cristiano, el único objeto por el cual usted ha sido hecho un miembro del cuerpo de Cristo, es para que la cabeza pueda hacer que usted lleve a cabo la obra de salvación. El único motivo por el cual Dios lo hizo a usted un pámpano, es para que Cristo pueda dar vida a los hombres a través de usted. Su salvación personal, sus negocios y el cuidado de su familia, están totalmente sujetos a esto. Su primer objetivo en la vida, su primer objetivo cada día, debería ser, saber cómo Cristo desea llevar a cabo sus propósitos en usted.

Empecemos a pensar cómo Dios piensa. Aceptemos la enseñanza de Cristo y respondamos a ella. El único objeto de mi existencia como pámpano, la única marca que me identifica como un pámpano verdadero, la única condición para permanecer y para crecer fuerte, es que yo dé el fruto de la vid celestial para que coman los hombres que mueren y vivan. Y la única cosa de la cual puedo tener la seguridad más perfecta es que, con Cristo como mi vid y al Padre como mi labrador, puedo ser un pámpano fructífero.

Padre nuestro, tú vienes a buscar fruto. Oramos a ti para que nos enseñes a darnos cuenta de que verdaderamente este es el único objeto de nuestra existencia y de nuestra unión con Cristo. Haz que el único deseo de nuestros corazones sea el de ser pámpanos, tan llenos del Espíritu de la vid para producir fruto abundante.

5

Más fruto

"(...) y todo aquel que lleva fruto, lo limpiará, para que lleve más fruto" (Juan 15:2).

El pensamiento del fruto es tan importante a los ojos de aquel que ve las cosas como son, el fruto es verdaderamente la única cosa sobre la cual Dios ha puesto su corazón de tal manera, que nuestro Señor, después de haber dicho que el pámpano que no da fruto es quitado, en seguida añade: "(…) *y todo aquel que lleva fruto...*", el único deseo del labrador es más fruto. Como el don de su gracia, como el símbolo del vigor espiritual, como la exhibición de la gloria de Dios y de Cristo, como la única manera de satisfacer la necesidad del mundo, Dios anhela y se prepara para más fruto.

Más fruto. Esta es una palabra muy inquietante. Tanto iglesias como individuos, estamos ante el peligro de la autosatisfacción. El espíritu secreto de Laodicea (Apocalipsis 3:17): "Yo soy rico, y me he enriquecido, y de ninguna cosa tengo necesidad..." puede prevalecer en lugares insospechados. La advertencia divina "... y no sabes que tú eres un desventurado, miserable, pobre, ciego y desnudo", encuentra poca respuesta precisamente en donde es más necesario.

No nos contentemos con el pensamiento de que estamos recibiendo la misma porción que otros reciben en la obra que se está haciendo, o porque los hombres estén satisfechos con nuestros esfuerzos en el servicio de Cristo, o aún cuando nos señalen como ejemplos. Que nuestro único deseo sea el de saber si estamos dando todo el fruto que Cristo está dispuesto a dar, a través de nosotros como pámpanos vivos en cercana y viva unión con Él, que nuestro deseo sea saber si estamos satisfaciendo el afectuoso corazón del gran labrador, nuestro Padre celestial, en su deseo de más fruto.

Más fruto. La palabra viene con una autoridad divina para buscar y probar nuestra vida: El verdadero discípulo se rendirá sinceramente a esa luz santa, y con franqueza le pedirá a Dios que le muestre lo que puede faltar en la medida o en el carácter del fruto que está dando. Creamos que la palabra está hecha para guiarnos hacia una experiencia más completa del propósito de amor del Padre, de la plenitud de Cristo y del maravilloso privilegio de dar mucho fruto en cuanto a la salvación de los hombres.

Más fruto. La palabra es muy alentadora. Escuchémosla. El mensaje que dice: Más fruto, es solo para el pámpano que está dando fruto. Dios no demanda esto como el capataz de Faraón, ni como el legislador de Moisés, sin proveer los medios. Él viene como un Padre que da lo que Él pide y produce lo que Él ordena. Él viene a nosotros como los pámpanos vivos de la vid viviente y ofrece producir el mayor fruto en nosotros, si nosotros solo nos rendimos en sus manos. ¿No admitiremos la demanda, aceptaremos la oferta, y esperaremos que Él produzca su fruto en nosotros?

"*(...) para que lleve más fruto.*" Creamos que así como el dueño de una vid hace todo para que el fruto sea tan rico y tan grande como sea posible, el divino labrador hará todo lo que sea necesario para que nosotros demos más fruto. Todo lo que Él pide es que pongamos el deseo de nuestro corazón en ello, que confiemos en lo que Él hace y en su cuidado, y que con gozo le veamos hacer su obra perfecta en nosotros. Dios ha puesto su corazón en el dar más fruto; Cristo espera producirlo en nosotros; admiremos gozosamente a nuestro labrador divino y a nuestra vid celestial para asegurarnos de poder dar más fruto.

Padre nuestro que estás en los cielos, tú eres el labrador celestial y Cristo es la vid celestial y yo soy un pámpano celestial, partícipe de la vida celestial para dar fruto celestial. Padre, deja que el poder de esta vida me llene de tal manera que yo siempre pueda dar más fruto para la gloria de tu nombre.

6

La poda

"Todo pámpano que en mí no lleva fruto, lo quitará; y todo aquel que lleva fruto, lo limpiará, para que lleve más fruto" (Juan 15:2).

Hay dos cosas notables acerca de la vid. No existe una planta de la cual el fruto tenga tanto espíritu en ella, en la que el espíritu pueda ser tan abundantemente impartido como la vid. Y no existe una planta que crezca tan rápidamente que estorbe a su fruto, y que por eso necesite la poda más misericordiosa. Al mirar por mi ventana observo grandes viñedos y veo que el cuidado principal que da el viñador, es la poda. Usted puede tener una vid en un enrejado, arraigada tan profundamente en buena tierra que no necesite ni excavar, ni abonar, ni regar, sin embargo, si quiere tener un buen fruto, no podrá prescindir de la poda. Algunos árboles necesitan alguna poda ocasional; otros dan su fruto perfecto sin necesidad de podarlos. Pero la vid lo necesita. Y así nuestro Señor nos dice aquí, en el principio de la parábola, que el único trabajo que el Padre le hace al pámpano que da fruto es: *lo limpia, para que lleve más fruto*.

Piense un momento en lo que esta poda o esta limpieza son. No se trata de arrancar las malas hierbas o las espinas, o cualquier otra cosa que pueda estorbar el crecimiento. No; se deben cortar los retoños grandes del año anterior, se debe quitar todo lo que haya sido producido por la vida de la vid. Es quitar algo que sea una prueba del vigor de su vida; cuanto más vigoroso haya sido el crecimiento, más grande será la necesidad de podar. Es la rama honesta y saludable de la vid la que debe ser cortada. ¿Y por qué? Porque esta rama puede consumir demasiado de la savia para llenar los grandes vástagos que han crecido a lo largo del año: La savia debe ser economizada y utilizada solo para el fruto. Los pámpanos, a veces de 2 a 3 metros de largo, son cortados muy cerca del tallo, y todo lo que queda es solo una o dos pulgadas de rama, suficientes como para producir las uvas. Cuando todo lo que no es necesario para la producción del fruto ha sido implacablemente cortado y solo se ha dejado lo más pequeño posible de la rama, entonces puede esperarse un fruto grande y rico.

¡Qué preciosa y solemne lección! Aquí la poda del labrador no se refiere solo al pecado. Sino también a la actividad religiosa que se desarrolla en el mismo acto de la producción del fruto. Esto es lo que debe ser cortado y podado. En nuestro trabajo para el Señor, tenemos que usar nuestros dones naturales de sabiduría o de elocuencia o de influencia o de diligencia. Estos siempre están en peligro de desarrollarse inadecuadamente y llevarnos entonces a poner nuestra confianza en ellos. Y así, después de cada temporada de trabajo, Dios tiene que conducirnos hasta el fin de nosotros mismos, hasta la conciencia de la incapacidad y del peligro de todo lo que es del hombre, hasta hacernos sentir que no somos nada. Todo lo que debe ser quitado de nosotros es necesario para poder recibir el poder de la savia vivificante del Espíritu Santo. Lo que es del hombre debe ser reducido al mínimo. Todo lo que no es consecuente con la más entera devoción al servicio de Cristo debe ser quitado. Cuanto más perfecta es la poda y la limpieza de todo lo que es del hombre, cuanto menor sea la superficie que queda y sobre la que el Espíritu Santo debe ser derramado, tanto más intensa puede ser la concentración de todo nuestro ser, para estar completamente a disposición del Espíritu. Esta es la verdadera circuncisión, la circuncisión de Cristo. Esta es la verdadera crucifixión con Cristo, llevando la muerte del Señor Jesús en el cuerpo.

¡Bendita poda, la poda de Dios! Cuanto podemos regocijarnos en la seguridad de que vamos a producir más fruto.

Oh, nuestro santo labrador, limpia y corta todo lo que hay en nosotros que pueda crear una exhibición o pueda convertirse en una fuente de confianza en uno mismo y de vanagloria. Señor, mantennos muy humildes, que ninguna carne pueda gloriarse en tu presencia. Confiamos en ti, confiamos en que harás tu obra.

7

La podadora

"Ya vosotros estáis limpios por la palabra que os he hablado" (Juan 15:3).

¿Cuál es la podadora de este labrador celestial? A menudo se dice que es la aflicción. De ningún modo. En primer lugar: ¿Cómo trataría entonces con aquellos que pasan mucho tiempo libres de la adversidad o con algunos a quienes Dios parece colmarlos de favores durante toda la vida? No; la podadora es La Palabra de Dios, *"Porque la palabra de Dios es viva y eficaz, y más cortante que toda espada de dos filos; y penetra hasta partir el alma y el espíritu, las coyunturas y los tuétanos, y discierne los pensamientos y las intenciones del corazón"* (Hebreos 4:12). Solo cuando la aflicción nos lleva a esta disciplina de la palabra es que se convierte en una bendición; la falta de esta limpieza del corazón a través de La Palabra es la razón por la que la aflicción muchas veces no es santificada. Ni siquiera el aguijón en la carne, de Pablo, podía llegar a ser una bendición hasta que la palabra de Cristo, "*Mi poder se perfecciona en la debilidad*" (2 Corintios 12:9), le hiciera ver el peligro de la exaltación de uno mismo e hiciera que Él se regocijara en las debilidades.

La Palabra de Dios es la podadora. Jesús dice: "*Ya vosotros estáis limpios por la palabra que os he hablado*". ¡Cuán seriamente fue dicha esa palabra por Él, de cuya boca salía una espada de dos filos, tal como les había enseñado! "A menos que un hombre se niegue a sí mismo, que pierda su vida, y que aborrezca a su padre y a su madre, no puede ser mi discípulo, no es digno de mí"; o cuando humilló el orgullo de ellos o cuando les reprobó su falta de amor o cuando les anticipó que ellos lo abandonarían. Desde el principio de su ministerio en el Sermón del Monte hasta sus palabras de advertencia en la última noche, su palabra los había tratado y los había limpiado. Él había descubierto y condenado todo lo que había del ego; y ahora ellos estaban vacíos y limpios, preparados para la entrada del Espíritu Santo.

Es cuando el alma abandona sus propios pensamientos y los pensamientos de los hombres en cuanto a la religión, y se rinde sincera, humilde y pacientemente a la enseñanza de La Palabra por medio del Espíritu, que el Padre hará su obra bendita de podar y limpiar toda naturaleza y todo ego que se mezcle con nuestra obra y obstaculice a su Espíritu.

Que aquellos que saben cuánto el labrador puede hacer por ellos, y todo lo que la vid puede producir a través de ellos, busquen rendirse sinceramente a la bendita limpieza a través de La Palabra. Y que, además, en su estudio de La Palabra, la reciban como un martillo que rompe y abre, como un fuego que derrite y purifica, como una espada desnuda que mata todo lo que es de la carne. La palabra de convicción preparará para la palabra de alivio y de esperanza, y el Padre los limpiará por medio de La Palabra.

Todos ustedes que son pámpanos de la vid verdadera, cada vez que lean o escuchen La Palabra, ante todo esperen que Él la use para su limpieza del pámpano. Pongan su corazón en el deseo del Señor de que dé más fruto. Confíen en Él como el labrador que lo hará. Ríndanse como niños a la tarea de limpieza de su Palabra y de su Espíritu, y podrán confiar en que su propósito será cumplido en ustedes.

Padre, oro a ti, límpiame a través de tu palabra. Deja que La Palabra busque y traiga a la luz todo lo que es del ego y de la carne en mi religión. Deja que corte toda raíz de confianza en mí mismo, para que la vid pueda encontrarme totalmente libre para recibir su vida y su espíritu. Oh, mi santo labrador, confío en que cuidas del pámpano tanto como de la vid. Solo tú eres mi esperanza.

8

Permanecer en Él

"Permaneced en mí, y yo en vosotros" (Juan 15:4).

Cuando un nuevo injerto es puesto en una vid, y ese injerto permanece en esa vid, tiene lugar un doble proceso. El primero, se da en la rama. El injerto hace brotar sus pequeñas raíces y fibras en el tallo, y el tallo crece en el injerto, y la que ha sido llamada unión estructural, es efectuada. El injerto permanece y llega a ser uno con la vid, y aunque la vid tuviera que morir, todavía sería una sola planta con ella. Luego está el segundo proceso, en el que la savia de la vid entra en la nueva estructura, y la usa como un pasaje a través del cual esa savia puede fluir para mostrarse en los brotes más nuevos y en las hojas y en el fruto. He aquí la unión vital. En el injerto que permanece en el tronco, el tronco entra con savia para permanecer en Él. Cuando el Señor dice: *"Permaneced en mí, y yo en vosotros"*, indica algo semejante a esto. *"Permaneced en mí"*: Se refiere a aquello que tenemos que hacer. Tenemos que confiar y obedecer, debemos apartarnos de todo lo demás, para extendernos hacia Él y aferrarnos a Él y para sumergirnos en Él. Cuando hacemos esto, por medio de la gracia que Él da, un carácter es formado y un corazón es preparado para la experiencia más completa: *"Yo en vosotros"*, Dios nos fortalece con poder por medio del Espíritu en el hombre interior, y Cristo habita en el corazón por medio de la fe.

Muchos creyentes oran y anhelan muy sinceramente la llenura del Espíritu y la vida de Cristo en ellos, y se preguntan por qué no ven un nuevo progreso. La razón muchas veces es esta, que el *"Yo en vosotros"* no puede venir porque el *"permaneced en mí"* no es mantenido. "Hay un solo cuerpo y un solo espíritu"; antes de que el Espíritu pueda llenar, debe haber un cuerpo preparado. El injerto tiene que haber crecido en el tallo, y permanecer en Él antes de que la savia pueda fluir para producir fruto. Es cuando en humilde obediencia seguimos a Cristo, aún en las cosas externas, negándonos a nosotros mismos, abandonando el mundo y aún en el cuerpo buscando ser obedientes a Él y de este modo buscamos permanecer en Él, que seremos capaces de recibir y disfrutar del *"Yo en vosotros"*. La obra encargada a nosotros: *"Permaneced* **en** *mí"*, nos preparará para la obra que está a cargo de Él: *"Yo* **en** *vosotros"*.

"En". Las dos partes del mandato están unidas en esa palabra de profundo significado *"en"*. No hay palabra más profunda en la Escritura. Dios es y está en todo. Dios vive en Cristo. Cristo vive en Dios. Nosotros estamos en Cristo. Cristo está en nosotros. Nuestras vidas son levantadas en la vida de Él; su vida es recibida en nuestra vida; en una realidad divina que las palabras no pueden expresar, estamos en Él y Él en nosotros. Y las palabras *"Permaneced en mí y yo en vosotros"*, simplemente nos dicen que creamos, este misterio divino y confiemos en que nuestro Dios el labrador y Cristo la vid, lo harán divinamente

verdadero. Ningún pensamiento ni enseñanza ni ninguna oración puede contener esta verdad; es un divino misterio de amor. Apenas podamos efectuar la unión lo podremos entender. Simplemente contemplemos esta infinita, divina y omnipotente vid amándonos, sosteniéndonos, trabajando en nosotros. En la fe de su obra, permanezcamos y descansemos en Él, siempre volviendo nuestro corazón y nuestra esperanza solo a Él. Y confiemos en que Él cumplirá en nosotros el misterio: *"Vosotros en mí y yo en vosotros"*.

Bendito Señor, tú me ofreces que yo permanezca en ti. ¿Cómo puedo, Señor, a menos que tú te muestres a mí esperando recibirme, dándome la bienvenida y cuidándome? Oro a ti para que me muestres cómo tú, como vid, te comprometes a hacer todo. Estar ocupado contigo es permanecer en ti. Heme aquí Señor, un pámpano, limpio y que descansa permaneciendo en ti, y esperando la entrada de tu vida y tu gracia.

9

Excepto que permanezcáis

"Permaneced en mí, y yo en vosotros. Como el pámpano no puede llevar fruto por sí mismo, si no permanece en la vid, así tampoco vosotros, si no permanecéis en mí" (Juan 15:4).

Conocemos el significado de la expresión *si no*. Expresa alguna condición indispensable, alguna ley inevitable. El pámpano no puede dar fruto por sí mismo, excepto que permanezca en la vid. Así tampoco vosotros, excepto que permanezcáis en Cristo. Solo hay una forma en la que el pámpano puede dar fruto y no existe ninguna otra posibilidad, debe permanecer en inquebrantable comunión con la vid. El fruto no viene del pámpano, sino solo de la vid. Cristo ya lo dijo, *"Permaneced en mí"*; en realidad el pámpano nos enseña la lección muy claramente; es un privilegio maravilloso el hecho de ser llamados y que además se nos permita permanecer en la vid celestial; cualquiera puede pensar que sería innecesario añadir estas palabras de advertencia. Pero no, Cristo sabe muy bien que una renuncia del ego está implícita en esto: "*Permaneced en mí*"; cuán fuerte y universal sería la tendencia de buscar dar fruto por nuestros propios esfuerzos; ¡cuán difícil sería conseguir que creamos que la actual y continua permanencia en Él es una necesidad absoluta! Él insiste en esta verdad: El pámpano no puede dar fruto por sí mismo, excepto que permanezca. "*Así tampoco vosotros, si no permanecéis en mí*".

¿Y esto puede ser tomado literalmente? ¿Debo, como pámpano que permanece en la vid, dedicarme de la misma manera, exclusiva, manifiesta, incesante y absolutamente a encontrar toda mi vida solo en Cristo? De hecho debo hacerlo a condición de que usted permanezca es tan universal como de que la rama permanezca. Ya no se puede admitir ninguna excusa ni ninguna modificación. Si yo tengo que ser un pámpano verdadero, si tengo que dar fruto, si tengo que ser lo que Cristo como vid quiere que yo sea, toda mi existencia debe estar exclusivamente dedicada a permanecer en Él, así como la rama natural está dedicada a permanecer en su vid.

Permítame aprender la lección. Permanecer debe ser un acto de la voluntad y debe hacerse con todo el corazón. Así como hay grados o niveles de búsqueda y de servicio a Dios, "no con un corazón perfecto", o "con todo el corazón", así también pueden haber grados o niveles en la permanencia. En la regeneración, la vida divina entra en nosotros, pero no domina ni llena todo nuestro ser de una sola vez. Esto depende del mandato y la obediencia. Existe un peligro indecible si no nos entregamos con todo nuestro corazón para permanecer en Él. Existe un peligro indecible de darnos para la obra de Dios, y de dar fruto, pero con muy poco de la permanencia verdadera, del sincero morir en Cristo y en su vida. Existe el peligro indecible de trabajar mucho pero de dar poco fruto, porque nos falta esto tan necesario. Debemos permitir que las palabras "*no... por sí mismo*", y "*si no permanecéis*", hagan su trabajo de buscar y exponer, de podar y limpiar todo lo que haya de obstinación y de confianza en uno mismo en nuestras vidas; esto nos librará de este gran mal y, de esta manera, nos preparará para su enseñanza, dando el significado completo de la palabra en nosotros: "*Permaneced en mí y yo en vosotros*".

Nuestro bendito Señor nos llama a estar fuera de nosotros mismos y de nuestra propia fuerza, para estar en Él y en su fuerza. Aceptemos la advertencia y volvámonos a Él con gran temor y desconfianza en nosotros mismos para hacer su obra. "*¡Nuestra vida está escondida con Cristo en Dios!*" (Colosenses 3:3). Esa vida es un misterio celestial, escondido a los sabios incluso entre los cristianos y revelado a los niños. El espíritu como el de un niño aprende que la vida es dada desde el cielo en cada día y a cada momento al alma que acepta la enseñanza: "*no... por sí mismo*", y "*si no permanecéis*", y que busca su todo en la vid. Permanecer en la vid entonces llega a ser nada más y nada menos que la tranquila rendición del alma para dejar que Cristo tenga todo y haga todo, tan completamente como en la naturaleza el pámpano no conoce ni busca nada excepto la vid.

"*Permaneced en mí*". He escuchado mi Señor que, con cada mandamiento, tú también nos das el poder para obedecer. Con tu "*levántate y anda*", el lisiado saltó. Yo acepto tu palabra "*Permaneced en mí*", como una palabra de poder, que da poder, y aún ahora digo, Sí, Señor, lo haré, permaneceré en ti.

10

La vid

"Yo soy la vid, vosotros los pámpanos" (Juan 15:5).

En el versículo anterior, Cristo había dicho: *"Permaneced en mí"*. Es decir, que había anunciado la gran ley inalterable para la vida de todo pámpano ya sea en la Tierra o en el cielo: *"no... por sí mismo"*, y *"si no permanecéis"*. En las palabras de apertura de la parábola, Él había dicho: *"Yo soy la vid"*. Ahora Él repite las palabras. Quiere que entendamos, note bien la lección, es tan simple como se ve, es la llave para la vida de permanencia en Él, que la única manera de obedecer al mandamiento, *"Permaneced en mí"*, es teniendo nuestra mirada y nuestro corazón fijos en Él. *"Permaneced en mí... Yo soy la vid verdadera"*. Sí, estudie este misterio santo hasta que pueda ver a Cristo como la vid verdadera, produciendo, fortaleciendo, supliendo, e inspirando a todos sus pámpanos, estando y haciendo todo lo necesario en cada pámpano, y la permanencia en Él vendrá. Sí, véalo como la vid verdadera, hasta que sienta lo que el misterio celestial realmente es, y hasta que se sienta impulsado a pedirle al Padre que le revele este misterio a usted a través de su Espíritu Santo. Aquel a quien Dios revela la gloria de la vid verdadera, aquel que ve lo que Jesús es y espera hacer a cada momento, no puede hacer otra cosa que permanecer. La visión de Cristo es una atracción irresistible; nos arrastra y nos sostiene como un imán. Siempre escuche al Cristo viviente que aún le habla a usted, y espera mostrarle el significado y el poder de su palabra: *"Yo soy la vid"*.

¡Cuánto trabajo pesado se ha hecho en el esfuerzo de entender lo que significa permanecer, cuánto esfuerzo inútil al tratar de lograrlo! ¿Por qué pasó esto? Porque la atención estaba puesta en el permanecer como en un trabajo que tenemos que hacer nosotros en lugar del Cristo viviente, en quien debíamos permanecer y quien estaba para sostenernos y para cuidarnos, pensábamos que permanecer se trataba de una tensión y un esfuerzo continuos, olvidamos que significa descansar del esfuerzo como aquel que ha encontrado el lugar de su morada. Note cómo Cristo dijo: "Permaneced en mí; Yo soy la vid que produce, sostiene, y fortalece y hace que los pámpanos sean fructíferos. Permaneced en mí, descansad en mí, y dejadme hacer mi obra. Yo soy la vid verdadera, todo lo que soy, digo y hago es la verdad divina, dando la realidad actual de lo que ha sido dicho. Yo soy la vid, solo créelo y ríndete por completo a mí, yo haré todo en ti".

Y así, a veces, resulta que las almas que nunca han estado especialmente ocupadas con el pensamiento de permanecer, permanecen todo el tiempo, porque están ocupadas con Cristo. No quiere decir que la palabra permanecer sea innecesaria; Cristo la usó muy a menudo, porque es la llave para la vida cristiana. Y Él quiere que la entendamos en su verdadero significado: "Sal de cualquier otro lugar, y de cualquier otra verdad y ocupación, sal del ego con sus razonamientos y sus esfuerzos. Ven y descansa en lo que yo haré. Vive fuera de ti; permanece en mí. Entiende que tú estás en mí; tú no necesitas nada más; permanece ahí, en mí".

"Yo soy la vid". Cristo no mantuvo este misterio oculto de sus discípulos sino que se los reveló, primero con palabras, luego con poder cuando el Espíritu Santo descendió. Él también nos lo revelará a nosotros, primero en los pensamientos y en las confesiones y en los deseos que estas palabras despiertan, y luego en poder por medio del Espíritu. Esperemos que Él nos muestre todo el significado celestial del misterio. Que cada día, en un tiempo de quietud, en la cámara secreta con Él y con su palabra, nuestro principal pensamiento y objetivo sea el de conseguir fijar el corazón en Él, en la seguridad de que: "Todo lo que una vid puede hacer por sus pámpanos, mi Señor Jesús lo hará, lo está haciendo, para mí". Dele tiempo a Él, dele su oído, para que Él pueda susurrar y explicar el divino secreto: "*Yo soy la vid*".

Sobre todo, recuerde, Cristo es la vid del plantío de Dios y usted es un pámpano implantado por Dios. Siempre esté delante de Dios, en Cristo; siempre espere toda la gracia de Dios, en Cristo. Y ore mucho por la revelación del misterio para que todo el amor y el poder de Dios que descansaban en Cristo, estén trabajando en usted también. "Yo soy la vid de Dios", dice Jesús; "todo lo que soy lo tengo de Él; todo lo que soy es para ti; Dios lo hará en ti".

"Yo soy la vid". Bendito Señor, di esa palabra a mi alma. Entonces sabré que toda tu plenitud es para mí. Que puedo confiar en que tú derramarás esa plenitud en mí, que mi permanecer es tan fácil y tan seguro cuando me olvido y me pierdo en la fe en que la vid sostiene al pámpano y suple toda su necesidad.

11

Vosotros los pámpanos

"Yo soy la vid, vosotros los pámpanos" (Juan 15:5).

Cristo ya había hablado mucho del pámpano; y aquí Él llega a la aplicación personal: "Vosotros sois los pámpanos de quienes he estado hablando. Así como yo soy la vid, comprometido a estar y a hacer todo lo que los pámpanos necesitan, así también ahora les pido, en la nueva dispensación del Espíritu Santo a quien les he prometido a ustedes, que acepten el lugar que yo les doy y que sean mis pámpanos en la Tierra". La relación que Él busca establecer es una relación intensamente personal: Todo depende de dos palabras muy cortas, *Yo* y *tú*. Y es para nosotros tan intensamente personal como lo fue para los primeros discípulos. Presentémonos delante de nuestro Señor, hasta que nos hable con poder a cada uno de nosotros, y hasta que toda nuestra alma pueda sentir: *"Yo soy la vid, vosotros los pámpanos"*.

Amado discípulo de Jesús, ya sea joven o débil, escuche la voz que dice: "Vosotros sois los pámpanos". Usted no puede ser nada menos. No permita que ninguna falsa humildad, ningún temor de sacrificio carnal, ni ninguna incredulidad con respecto a lo que usted se siente capaz, lo mantenga alejado de decir: "Yo seré un pámpano, con todo lo que pueda significar, un pámpano, muy débil, pero tanto como la vid puede ser, porque soy de la misma naturaleza y recibo del mismo Espíritu. Un pámpano, absolutamente desvalido, pero manifiestamente apartado delante de Dios y de los hombres, enteramente entregado a la tarea de dar fruto, como la vid misma. Un pámpano, nada en mí mismo, pero descansando y regocijándome en la fe que sabe que Él proveerá para todo. Sí, por su gracia, seré nada menos que un pámpano, y todo el significado que Él quiera darle, para que a través de mí, Él pueda producir su fruto".

"Vosotros los pámpanos". Usted no necesita ser nada más. Usted no necesita ni por un solo momento del día tomar la responsabilidad de la vid. No necesita salir del lugar de total dependencia y de confianza ilimitada. Lo que necesita, menos que todo, es estar ansioso con respecto a cómo debe entender el misterio o cómo debe cumplir con sus condiciones o cómo encontrar su bendito objetivo. La vid dará todo y hará todo. El Padre, el labrador, cuida la unión de usted con la vid y su crecimiento en ella. Usted no necesita ser nada más que un pámpano. ¡Solo un pámpano! Permita que esa sea su contraseña que lo guiará en el camino de la continua rendición a la obra de Cristo, en el camino de la verdadera obediencia a cada uno de sus mandamientos, y en el camino de la gozosa expectativa de toda su gracia.

¿Hay alguien que ahora pregunte: "Cómo puedo aprender a decir esto correctamente, '¡Solo soy un pámpano!' y vivirlo"? Querida alma, el carácter de un pámpano, su fuerza, y el fruto que da, depende enteramente de la vid. Y su vida como pámpano depende enteramente de su interpretación en cuanto a lo que nuestro Señor Jesús es. Por eso, nunca separe las dos palabras: *"Yo soy la vid, vosotros los pámpanos"*. ¡Su vida, su fuerza y su fruto dependen de lo que su Señor Jesús es! Por tanto, adórele y confíe en Él; permítale ser su único deseo y la única ocupación de su corazón. Y cuando usted sienta que no lo conoce ni lo puede conocer correctamente, entonces solo recuerde que es parte de la responsabilidad del Señor como vid el hacerse conocer a usted. Él no traduce esto en pensamientos ni en ideas sino en un secreto crecimiento dentro de la vida que humilde y sosegadamente está entregada a esperar en Él. La vid se revela dentro del pámpano; entonces viene el crecimiento y el fruto, Cristo habita y obra dentro de su pámpano; sea solo un pámpano, esperando que Él haga todo; Él será para ti la vid verdadera. El mismo Padre, el divino labrador, es capaz de hacerte un pámpano digno de la vid celestial. Él no te decepcionará.

"*Vosotros los pámpanos*". ¡Esta palabra también Señor! Dila con poder a mi alma. No dejes que el pámpano de la vid terrenal me avergüence, sino que así como Él solo vive para dar el fruto de la vid, que mi vida en la tierra, no tenga ningún otro deseo ni ningún otro objetivo que el de dejar que tú des fruto a través de mí.

12

Mucho fruto

"(...) el que permanece en mí, y yo en él, éste lleva mucho fruto" (Juan 15:5).

Nuestro Señor ha hablado de fruto, y de más fruto. Ahora Él añade el pensamiento: Mucho fruto. En la vid existe tal plenitud y el cuidado del divino labrador asegura su éxito, que el mucho fruto no es una demanda, sino la simple promesa de lo que debe venir al pámpano que vive en la doble permanencia, Él en Cristo, y Cristo en Él. "Éste lleva mucho fruto". Es cierto.

¿Alguna vez ha notado la diferencia en la vida cristiana entre el trabajo y el fruto? Una máquina puede realizar un trabajo, pero solo la vida puede dar fruto. Una ley puede impulsar al trabajo, pero solo el amor puede producir fruto espontáneamente. El trabajo implica esfuerzo y mano de obra, pero la idea esencial del fruto muestra que es el producto silencioso, tranquilo y natural de nuestra vida interior. El jardinero puede trabajar para dar a su manzano el abono correspondiente, el riego y la poda que necesita, pero no puede hacer nada para producir la manzana: *"El fruto del Espíritu es amor, gozo, paz"* (Gálatas 5:22). La vida saludable da mucho fruto. La relación entre el trabajo y el fruto tal vez es mejor vista en la expresión: *"llevando fruto en toda buena obra"* (Colosenses 1:10). Solo cuando las buenas obras vienen como el fruto del Espíritu que mora en nosotros, son aceptables a Dios. Bajo la imposición de la ley y de la conciencia, o de la influencia de la inclinación y del celo, los hombres pueden ser más diligentes en cuanto a las buenas obras, pero aún así pueden ver que tienen solo un pequeño resultado espiritual. Puede que esta sea la única razón, sus obras son solo esfuerzos humanos, en lugar de ser el fruto del Espíritu, el tranquilo y natural resultado de la operación del Espíritu dentro de nosotros.

Que todos los obreros vengamos y escuchemos a nuestra vid santa mientras Él nos revela la ley de la productividad segura y abundante: *"El que permanece en mí, y yo en Él, ése lleva mucho fruto"*. El jardinero cuida una cosa, la fuerza y la vida saludable de su árbol; el fruto viene por sí mismo. Si va a dar fruto, vea que la vida interior esté perfectamente correcta, para que su relación con Cristo Jesús sea clara y cercana. Empiece cada día en Él y Él en usted. Cristo dice que no hará nada menos. No es nuestra disposición ni nuestro funcionamiento, no es por nuestro poder ni por nuestra fuerza, sino "por mi Espíritu, dice el Señor". Enfrente cada compromiso nuevo, emprenda cada trabajo nuevo, con el oído y el corazón abiertos a la voz del maestro: *"El que permanece en mí, y yo en Él, ése lleva mucho fruto"*. Usted vea la permanencia; Él verá el fruto, porque Él lo dará en usted y a través de usted.

Oh, mi hermano, ¡es Cristo quien debe hacer todo! La vid provee la savia, la vida y la fuerza: El pámpano espera, descansa, recibe y da el fruto. ¡Oh, la bienaventuranza de ser solo pámpanos, a través de quienes el Espíritu fluye y trae la vida de Dios a los hombres!

Oro para que usted tome un tiempo para pedirle al Espíritu Santo que le haga comprender el indecible lugar solemne que usted ocupa en la mente de Dios. Él lo ha plantado a usted en su Hijo con el llamado y el poder para dar mucho fruto. Acepte ese lugar. Busque mucho a Dios y a Cristo, y espere alegremente ser lo que Dios planeó hacer de usted, un pámpano fructífero.

¡Mucho fruto! Así sea, bendito Señor Jesús. Puede ser así, porque tú eres la vid. Será así, porque permanezco en ti. Debe ser así, porque tu Padre es el labrador que limpia el pámpano. Sí, mucho fruto, de la abundancia de tu gracia.

13

Nada podéis hacer

"Separados de mí nada podéis hacer" (Juan 15:5).

En todo, la vida del pámpano debe ser el complemento exacto que la vid requiere. Jesús dijo de sí mismo: *"No puede el Hijo hacer nada por sí mismo"* (Juan 5:19). Y como resultado de esa total dependencia, Él pudo añadir: *"porque todo lo que el Padre hace, también lo hace el Hijo igualmente"* (Juan 5:19). Como Hijo, Él no recibe su vida del Padre de una vez por todas, sino momento a momento. Su vida era una continua espera en el Padre para todo lo que Él tenía que hacer. Y lo mismo dijo Cristo de sus discípulos: *"Separados de mí nada podéis hacer"*. Lo dice literalmente. El siguiente mensaje es para todo aquel que quiera vivir la verdadera vida de discípulo, que quiera dar fruto y que quiera glorificar a Dios: *"nada podéis hacer"*. Lo que ha sido dicho: "*El que permanece en mí, y yo en Él, ése lleva mucho fruto*", aquí está aplicado con el más simple y más poderoso de los argumentos: "Permanecer en mí es indispensable, porque lo saben, por ustedes mismos nada pueden hacer para mantener ni para vivir la vida celestial".

Una profunda convicción de la verdad de esta palabra descansa en la raíz de una vida espiritual poderosa. Nada puedo crear por mí mismo, tampoco puedo resucitar a un hombre de entre los muertos, no puedo darme la vida divina. Lo poco que puedo dar yo mismo no puedo mantenerlo ni hacerlo crecer: Cada movimiento es la obra de Dios a través de Cristo y de su Espíritu. Es cuando un hombre cree esto, que podrá aceptar esa posición de total y continua dependencia que es la misma esencia de la vida de fe. Con los ojos espirituales Él ve a Cristo a cada momento dando de su gracia para cada aliento y cada profundización de la vida espiritual. Su corazón entero dice amén a la palabra: "*nada podéis hacer*". Y solo por el hecho de hacerlo, puede decir también: "*Todo lo puedo en Cristo que me fortalece*" (Filipenses 4:13). El sentido de incapacidad nos obliga a permanecer y lleva a la verdadera productividad y a la diligencia en cuanto a las buenas obras.

"*Separados de mí nada podéis hacer*". ¡Qué declaración y qué llamado a permanecer en Cristo cada momento! ¡Solo tenemos que volver a la vid para ver cuán cierto es. Vea otra vez a ese pequeño pámpano, totalmente desvalido y estéril excepto cuando recibe la savia de la vid, y entienda que la convicción plena de no ser capaz de hacer nada fuera de Cristo es precisamente lo que usted necesita para enseñarse a usted mismo a permanecer en su vid celestial. Este es el gran significado con respecto a la poda de la que Cristo habló, todo lo que es del ego debe menguar, para nuestra confianza pueda estar solamente en Cristo. "*Permaneced en mí*" ¡Mucho fruto! "*Separados de mí*" ¡nada! ¿Habrá alguna duda con respecto a lo que tenemos que elegir?

La única lección de la parábola es: Sin duda alguna, así como la rama natural permanece en la vid, usted puede permanecer en Cristo. Para esto Él es la vid verdadera; para esto Dios es el labrador; para esto usted es un pámpano. ¿No clamaremos a Dios para que nos libere para siempre del "separados de mí", y haga del "permaneced en mí", una realidad incesante? Deje que su corazón vaya a lo que Cristo es, y puede hacer, a su divino poder y su tierno amor para con cada uno de sus pámpanos, y usted siempre podrá decir confiadamente: "¡Señor!, estoy permaneciendo; voy a dar mucho fruto. Mi incapacidad es mi fuerza. Así sea. Separado de ti, nada. En ti, mucho fruto".

Separados de mí, nada. Señor, acepto gustosamente el arreglo: Yo, nada, tú, todo. Mi nada es mi mayor bendición, porque tú eres la vid, que da y hace todo. ¡Así sea, Señor! Yo, nada, siempre espero en tu plenitud. Señor, revélame la gloria de esta vida bendecida.

14

Pámpanos marchitos

"El que en mí no permanece, será echado fuera como pámpano, y se secará; y los recogen, y los echan en el fuego, y arden" (Juan 15:6).

Las lecciones que estas palabras enseñan, son muy simples y muy solemnes. Un hombre puede llegar a tener tal conexión con Cristo que realmente confía en que Él está en Cristo, pero aún así puede ser expulsado. Algo sucede cuando no se permanece en Cristo, que lleva al pámpano a secarse y a ser quemado. Algo pasa cuando un pámpano se marchita, alguien en quien la unión inicial con Cristo parece haber tenido lugar, pero que se ve que su fe fue solo por un tiempo. ¡Qué solemne llamado a mirar alrededor para ver si no hay pámpanos marchitos en nuestras iglesias, mirar en nuestro interior y ver si nosotros realmente estamos permaneciendo y dando fruto!

¿Y cuál puede ser la causa de este "no permanecer"? Con algunos es porque ellos nunca entendieron que el llamado cristiano lleva a una obediencia santa y a un servicio de amor. Estaban contentos con la idea de que habían creído y de que estaban a salvo del infierno; no había ningún motivo ni ningún poder para permanecer en Cristo, ellos no conocieron la necesidad de permanecer. A otros les pasó que las cosas del mundo o la búsqueda de prosperidad ahogaron La Palabra de Dios: Nunca abandonaron todo para seguir a Cristo. Y hay otros cuya religión y cuya fe estaban en la sabiduría de los hombres y no en el poder de Dios. Confiaban en los medios de la gracia o en su propia sinceridad o en la entereza de su fe en la gracia justificadora; jamás se preocuparon en buscar una total permanencia en Cristo como su única seguridad. Entonces no es ninguna sorpresa que cuando soplaron los fuertes vientos de la tentación o de la persecución, ellos se marchitaron; porque realmente no estaban arraigados en Cristo.

Abramos nuestros ojos y veamos si no hay pámpanos marchitos a nuestro alrededor en las iglesias. Jóvenes, cuyas confesiones una vez fueron brillantes, pero ahora están creciendo fríos. O personas adultas, que han retenido su profesión, pero en quienes la vida que una vez pareció estar, hoy ha desaparecido. Que los ministros y los creyentes tomen en serio las palabras de Cristo, y vean, y pregunten al Señor si no hay nada que pueda hacerse por los pámpanos que empiezan a marchitarse. Y permitamos que la palabra *permanecer* resuene en toda la iglesia hasta que cada creyente la haya entendido, no hay ninguna seguridad excepto en una verdadera permanencia en Cristo.

Cada uno de nosotros tenemos que examinar nuestro interior. ¿Es nuestra vida fresca, verde y vigorosa? ¿Está dando su fruto a su tiempo? (Vea Salmos 1:3; 92:13-14; Jeremías 17:7-8). Aceptemos cada advertencia con una mente dispuesta, y dejemos que la advertencia de Cristo: "si alguno no permanece", dé una nueva urgencia a su "permaneced en mí". Al alma justa, el secreto del permanecer llegará a ser aún más simple, solo la conciencia del lugar en el que el Señor me ha puesto; simplemente el descansar como un niño en mi unión con Él y la fiel confianza en que Él me guardará. ¡Oh, creamos que hay una vida que nunca se marchita, que siempre está en su color verde y que da su fruto en abundancia!

¡Marchito! Oh, Padre mío, defiéndeme y guárdame, no permitas que nada, ni por un solo momento, obstaculice la frescura que viene de una permanencia plena en la vid. Deja que el pensamiento de un pámpano marchito me llene de un temor santo y cuidadoso.

15

Lo que queréis

"Si permanecéis en mí, y mis palabras permanecen en vosotros, pedid todo lo que queréis, y os será hecho" (Juan 15:7).

El lugar del pámpano en la vid es un lugar de oración incesante. Sin interrupción siempre está llamando: "Oh, mi vid, envía la savia que necesito para dar tu fruto". Y sus oraciones nunca quedan sin respuesta: "Pide lo que necesitas, lo que quieres, y te es concedido".

La vida saludable del creyente en Cristo igualmente es una vida de oración incesante. Consciente o inconscientemente, Él vive en continua dependencia. La palabra de su Señor, *"nada podéis hacer"*, le ha enseñado que su pedir y su recibir debe ser tan firme como la continuidad del pámpano en la vid. La promesa de nuestro texto nos da una intrepidez infinita: *"pedid todo lo que queréis y os será hecho"*.

La promesa está dada en relación directa con el dar fruto. Limítela a usted mismo y a sus propias necesidades, y le robará su poder; usted se roba a usted mismo el poder para apropiársela. Cristo estaba enviando a estos discípulos, y ellos estaban preparados para dar sus vidas por el mundo; para ellos puso a disposición los tesoros del cielo. Sus oraciones traerían al Espíritu y al poder que ellos necesitaban para su trabajo.

La promesa está dada en relación directa con la venida del Espíritu. El Espíritu no es mencionado en la parábola, ni siquiera como se menciona a la savia de la vid; pero en el capítulo anterior a la parábola, nuestro Señor había hablado del Espíritu Santo en relación a la vida interior de ellos, estando en ellos y revelándose dentro de ellos (14:15-23). En el capítulo siguiente Él habla del Espíritu Santo en relación con la obra de ellos, viniendo a ellos, convenciendo al mundo y glorificando a Dios (16:7-14). Para aprovechar las ilimitadas promesas, debemos ser hombres llenos del Espíritu y estar totalmente entregados a la obra y gloria de Jesús. El Espíritu nos llevará a la verdad de su significado y a la certidumbre de su cumplimiento.

Entendamos que solo podemos cumplir con nuestro llamado a dar mucho fruto, orando mucho. En Cristo están escondidos todos los tesoros que los hombres a nuestro alrededor necesitan; en Él todos los hijos de Dios son bendecidos con toda bendición espiritual; Él está lleno de gracia y verdad. Pero necesita de la oración, mucha oración, necesita de la poderosa oración de fe para bajar del cielo estas bendiciones. E igualmente recordemos que no podemos apropiarnos de la promesa sin una vida dada a favor de los hombres. Muchos tratan de tomar la promesa y luego examinan las posibilidades para ver qué pueden pedir. Esta no es la manera sino lo opuesto. Tenga su corazón ardiendo con la necesidad de almas y con el mandamiento de salvarlas, y el poder vendrá para demandar la promesa.

Pidámosla como una de las revelaciones de nuestra maravillosa vida en la vid. Él nos dice que si pedimos en su nombre, en virtud de nuestra unión con Él, lo que sea que pidamos, nos será concedido. Las almas están muriendo porque hay muy poca oración. Los hijos de Dios son débiles porque hay muy poca oración. Damos muy poco fruto debido a que hay muy poca oración. La fe en esta promesa nos haría fuertes para orar; no descansemos hasta que haya entrado en nuestro corazón, y nos lleve en el poder de Cristo para continuar, para trabajar y esforzarnos en oración hasta que la bendición venga con poder. Ser un pámpano no significa dar fruto en la Tierra solamente, sino también tener poder en la oración para bajar las bendiciones del cielo. Permanecer plenamente significa orar mucho.

Pedid lo que queráis. Oh, mi Señor, ¿por qué nuestros corazones son tan poco capaces de aceptar estas palabras en su divina simplicidad? ¡Hazme ver que realmente necesitamos nada menos que esta promesa para vencer a los poderes del mundo y a los poderes de Satanás! Enséñanos a orar en la fe de esta tu promesa.

16

Si permanecéis

"Si permanecéis en mí, y mis palabras permanecen en vosotros, pedid todo lo que queréis, y os será hecho" (Juan 15:7).

La razón por la que la vid y sus pámpanos son una verdadera parábola de la vida cristiana, es que toda la naturaleza tiene un origen y respira un espíritu. El mundo fue creado como una lección objetiva para el hombre, enseñándole su total dependencia en Dios y su seguridad en esa dependencia. Aquel que viste a los lirios mucho más nos vestirá a nosotros. Aquel que da a los árboles y a las vides su belleza y sus frutos, haciendo de cada cosa lo que Él pensó que tenían que ser, sin duda alguna, hará de nosotros lo que Él quiere que seamos. La única diferencia es que Dios obra en los árboles por medio de un poder del cual ellos no son conscientes.

Él quiere obrar en nosotros con nuestro consentimiento. Esta es la nobleza del hombre, que tiene una voluntad que puede cooperar con Dios al entender, aprobar y aceptar lo que Él ofrece hacer.

"Si permanecéis". He aquí la diferencia entre el pámpano de la vid natural y el pámpano de la vid espiritual. El primero permanece por la fuerza de la naturaleza, pero el otro permanece, no por la fuerza de la voluntad, sino por un poder divino dado al consentimiento de la voluntad. Tal es la maravillosa provisión de Dios que así como el poder de la naturaleza, hace en el primer caso, el poder de la gracia lo hará en el otro. El pámpano puede permanecer en la vid.

"Si permanecéis en mí... pedid lo que queréis". Si debemos vivir una verdadera vida de oración, marcada con el amor, el poder y la experiencia de la oración, no debe haber ninguna pregunta con respecto al hecho de permanecer. Y si permanecemos, no debe haber ninguna pregunta acerca de la libertad de pedir lo que queramos ni acerca de la certeza de

que recibiremos lo que hemos pedido. Solo hay una condición: "*Si permanecéis en mi*". No debe haber ninguna duda en cuanto a la posibilidad ni en cuanto a la certidumbre de ello. Debemos fijar la mirada en ese pequeño pámpano y en su maravilloso poder para dar tan hermoso fruto hasta que realmente aprendamos a permanecer.

¿Y cuál es el secreto? Estar totalmente ocupado con Jesús. Sumerja profundamente en Él las raíces de su ser en fe, en amor y en obediencia. Salga de cualquier otro lugar y permanezca aquí. Abandone todo por el privilegio inconcebible de ser un pámpano en la Tierra del glorificado Hijo de Dios en el cielo. Deje que Cristo sea primero. Deje que Cristo sea todo. ¡No esté ocupado con la permanencia, esté ocupado con Cristo! Él lo sostendrá, Él lo mantendrá permaneciendo en Él. Él permanecerá en usted.

"*Si permanecéis en mí, y mis palabras permanecen en vosotros*". Esto nos lo da como el equivalente de la otra expresión: "Yo en vosotros. Si mis palabras permanecen en vosotros", es decir, no solo en la meditación, en la memoria, en el amor, en la fe, todas estas palabras entran en nuestra voluntad, en nuestro ser, y constituyen nuestra vida; si ellas transforman nuestro carácter y llegamos a ser y somos todo lo que estas palabras dicen y significan, pidamos lo que queramos; y nos será hecho. Nuestras palabras hacia Dios en oración serán el fruto de Cristo y de sus palabras viviendo en nosotros.

"Pedid lo que queréis, y os será hecho". Crea en la verdad de esta promesa. Decídase a ser un intercesor por los hombres; un intercesor que da fruto, y que siempre está bajando más bendiciones. Tal fe y tal oración le ayudarán maravillosamente a permanecer total e incesantemente.

Si permanecéis. Sí, Señor, el poder para orar y el poder para prevalecer deben depender de este permanecer en ti. Así como tú eres la vid, también eres el divino intercesor, eres quien sopla tu Espíritu en nosotros. ¡Oh, Señor, danos gracia para permanecer simple y totalmente en ti, y para pedir grandes cosas!

17

El Padre glorificado

"En esto es glorificado mi Padre, en que llevéis mucho fruto" (Juan 15:8).

¿Cómo podemos glorificar a Dios? No agregando a su gloria o dándole una gloria nueva. Sino simplemente permitiendo que su gloria brille a través de nosotros, rindiéndonos a Él, solo así su gloria puede manifestarse en nosotros y a través de nosotros al mundo. En una viña o en una vid que da mucho fruto, el dueño es glorificado; y esa vid habla de la habilidad y del cuidado que Él tuvo. En el discípulo que da mucho fruto, el Padre es glorificado. Ante los hombres y los ángeles, está la prueba de la gloria de la gracia y del poder de Dios; la gloria de Dios puede resplandecer a través del hombre.

Esto quiere decir Pedro cuando escribe: *"Si alguno habla, hable conforme a las palabras de Dios; si alguno ministra, ministre conforme al poder que Dios da, para que en todo sea Dios glorificado por Jesucristo"* (1 Pedro 4:11). Cuando un hombre trabaja y sirve con un poder que viene solo de Dios, Dios recibe toda la gloria. Cuando confesamos que la habilidad vino solo de Dios, aquel que hace la obra y aquellos que la ven, glorifican igualmente a Dios. Fue Dios quien lo hizo. Los hombres juzgan por el fruto de un jardín lo que un jardinero es. Los hombres juzgan a Dios por el fruto que los pámpanos de la vid de su plantío producen. El poco fruto trae poca gloria a Dios. No da ninguna honra ni a la vid ni al labrador. *"En esto es glorificado mi Padre, en que llevéis mucho fruto"*.

A veces nos hemos lamentado por nuestra falta de fruto, como por una pérdida para nosotros y para nuestro prójimo, con quejas de nuestras debilidades como la causa. Más bien pensemos en el pecado y en la vergüenza del pequeño fruto como que le estamos robando a Dios la gloria que Él debe recibir de nosotros. Aprendamos el secreto de dar gloria a Dios, sirviendo con la habilidad que Dios da. La plena aceptación de la palabra de Cristo: *"nada podéis hacer"*, la simple fe en Dios, quien hace todo en todo; el permanecer en Cristo a través de quien el labrador divino hace su obra y consigue mucho fruto, esta es la vida que traerá gloria a Dios.

Mucho fruto. Dios lo pide; vea que usted lo esté dando. Dios no puede estar contento con nada menos; y usted tampoco se contente con nada menos. Permita que estas palabras de Cristo, "fruto, más fruto, mucho fruto", permanezcan en usted, hasta que usted crea que Él lo hace, y entonces estará preparado para tomar de Él, de la vid celestial, lo que Él tiene para usted. *Mucho fruto: En esto es glorificado mi Padre.* Deje que la altura de la demanda sea su aliento. Esta capacidad está tan enteramente más allá de nuestro poder que nos impulsa mucho más a permanecer en Cristo, nuestra vid verdadera. Él puede, Él lo hará, hágalo una verdad en usted.

Mucho fruto. Dios lo pide porque lo necesita. Él no pide el fruto de los pámpanos de su vid para demostrar algo, ni para probar lo que Él puede hacer. No; Él lo necesita para la salvación de los hombres. Es en eso que Él debe ser glorificado. Láncese con mucha oración sobre su vid y sobre su labrador. Clame a Dios, clame a su Padre para que Él le dé el fruto para dar a los hombres. Tome sobre usted la carga del hambriento y del que perece, como Jesús lo hizo cuando fue movido por la compasión, y su poder en la oración, su permanecer y su dar mucho fruto para la gloria del Padre tendrán una realidad y una certeza que usted nunca antes conoció.

El Padre glorificado. Bendita esperanza. Dios glorificándose en mí, mostrando la gloria de su bondad y su poder en lo que Él hace en mí y a través de mí. ¡Qué motivo para dar mucho fruto, tanto como Él obre en mí! ¡Padre, glorifícate en mí!

18

Verdaderos discípulos

"En esto es glorificado mi Padre, en que llevéis mucho fruto, y seáis así mis discípulos" (Juan 15:8).

¿Y aquellos que no dan mucho fruto no son discípulos? Pueden serlo, pero en un estado atrasado e inmaduro. De aquellos que dan mucho fruto, Cristo dice: "Estos son mis discípulos, porque son como yo quiero que sean, estos son verdaderos discípulos". Así como decimos de alguien en quien se puede ver la idea de la hombría: ¡ese es un hombre! Así nuestro Señor habla de quienes son discípulos conforme a su corazón, de los discípulos que son dignos del nombre: aquellos que dan mucho fruto. Encontramos en los Evangelios este doble sentido de la palabra discípulos. A veces es aplicada a todos los que aceptaban la enseñanza de Cristo. Otras veces solo incluye al círculo íntimo de aquellos que seguían enteramente a Cristo, y se entregaban al entrenamiento de nuestro Señor para el servicio. La diferencia ha existido a través de las edades. Siempre hubo un número más pequeño del pueblo de Dios que buscó servirle con todo el corazón, mientras que la mayoría ha estado contenta con una muy pequeña medida del conocimiento de su gracia y de su voluntad.

¿Y cuál es la diferencia entre este círculo íntimo más pequeño y los muchos que no buscan ser admitidos en Él? Lo encontramos en las palabras: *mucho fruto*. Con muchos cristianos el pensamiento de la seguridad personal, el cual en su primer despertar es un pensamiento legítimo, permanece hasta el final como el único objetivo de su religión. La idea del servicio y del fruto siempre es un asunto secundario y muy dependiente. El anhelo honesto de dar mucho fruto no les preocupa. Las almas que han escuchado el llamado a vivir enteramente para su Señor, a dar su vida por Él y para Él así como Él dio la suya por ellos, nunca pueden estar satisfechas con esto. Su clamor es el de dar tanto fruto como les sea posible, tanto como su Señor desee producir en ellos.

"*(...) que llevéis mucho fruto, y seáis así mis discípulos*", permítame rogar que cada lector considere estas palabras más seriamente. No se contente con el pensamiento de hacer gradualmente un poco más o un mejor trabajo. De esta manera el mucho fruto nunca vendrá. Tome las palabras, mucho fruto, como la revelación de su vid celestial de lo que usted debe ser, de lo que usted puede ser. Acepte totalmente la imposibilidad, acepte que es una absoluta necedad el intentarlo en su propia fuerza. Deje que las palabras lo llamen a ver la vid nuevamente, a un compromiso a vivir su plenitud celestial en usted. Permita que estas palabras despierten en usted una vez más la fe y la confesión: "Yo soy un pámpano de la vid verdadera; yo puedo dar mucho fruto para su gloria, y para la gloria del Padre".

No debemos juzgar a otros. Sin embargo vemos en todo lugar de La Palabra de Dios, dos clases de discípulos. No tengamos ninguna duda con respecto a cuál es nuestro lugar. Pidámosle a Él que nos revele de qué manera Él pide y exige una vida totalmente entregada a Él, para estar tan llenos de su Espíritu como Él quiera hacerlo en nosotros. Que nuestro deseo sea nada menos que una limpieza perfecta, una permanencia inquebrantable, una comunión muy cercana y una productividad abundante, pámpanos verdaderos de la vid verdadera.

El mundo perece, la iglesia falla, la causa de Cristo sufre, Cristo se aflige a causa de la falta de cristianos sinceros que den mucho fruto. Aunque usted vea escasamente lo que esto implica o cómo viene el mucho fruto, dígale que usted es su pámpano que puede dar mucho fruto; que usted está preparado para ser su discípulo en el significado divino de la palabra.

Mis discípulos. Bendito Señor, el mucho fruto es la prueba de que tú, la vid verdadera, tienes en mí un pámpano verdadero, un discípulo totalmente a tu disposición. Dame, te pido Señor, la conciencia como la de un niño de que mi fruto es agradable a ti, aquel que tú cuentas como mucho fruto.

19

El maravilloso amor

"Como el Padre me ha amado, así también yo os he amado" (Juan 15:9).

Aquí Cristo deja el lenguaje de la parábola y habla simplemente del Padre. Con lo mucho que la parábola puede enseñar, no puede enseñar la lección de amor. Todo lo que la vid hace por el pámpano, lo hace bajo el mandato de una ley de la naturaleza: No existe ningún amor personal vivo hacia el pámpano. Estamos en peligro de ver a Cristo como nuestro salvador y proveedor de cada una de nuestras necesidades, señalado por Dios, aceptado por nosotros y nosotros confiando en Él, sin ningún sentido de la intensidad del afecto personal con el cual Cristo nos abraza y con el que nuestra vida puede encontrar la verdadera felicidad.

Cristo busca señalarnos esto. ¿Y cómo lo hace? Nos guía una vez más hacia Él, para mostrarnos cuán idéntica es su vida con la nuestra. Así como el Padre lo amó, Él nos ama. Su vida como vid dependiente del Padre era una vida en el amor del Padre; ese amor era su fuerza y su gozo; en el poder de ese divino amor que descansaba en Él, Él vivió y murió. Si nosotros debemos vivir como Él, siendo realmente pámpanos como nuestra vid, debemos compartir en esto también. Nuestra vida, debe tener su aliento y su existencia dentro de un amor celestial, tal como Jesús. Lo que el amor del Padre era para Él, el amor de Jesús será para nosotros. Si ese amor lo hacía la vid verdadera, su amor puede hacernos pámpanos verdaderos. "*Como el Padre me ha amado, así también yo os he amado*".

"*Como el Padre me ha amado*". ¿Y cómo lo amaba el Padre a Él? El infinito deseo y deleite de Dios al comunicar a su Hijo todo lo que Él tenía, al tomar al Hijo en la más completa igualdad con Él mismo, al vivir en el Hijo y teniendo al Hijo viviendo en Él, este era el amor de Dios hacia Cristo. Es un misterio de gloria del cual no podemos tener ninguna idea, solo podemos inclinarnos y adorar cuando tratamos de pensar en ello. Y con ese amor, con este mismo amor, Cristo anhela con un deseo y un anhelo infinitos, comunicarnos todo lo que Él es y todo lo que tiene, para hacernos partícipes de su propia naturaleza y bienaventuranza, para vivir en nosotros y para que nosotros vivamos en Él. Y ahora, si Cristo nos ama con ese amor tan intenso, tan infinito y tan divino, ¿qué es lo que impide su triunfo sobre cada obstáculo y que impide que Él tome una total posesión de nosotros? La respuesta es simple. El amor del Padre hacia Cristo, tanto como el amor de Cristo hacia nosotros, es un misterio divino, tan alto que no podemos comprenderlo ni alcanzarlo por ningún esfuerzo propio. Solo el Espíritu Santo puede dar y revelar en su siempre victorioso poder ininterrumpido este maravilloso amor de Dios en Cristo. Es la vid quien debe dar al pámpano su crecimiento y su fruto, a través de la provisión de su savia. Es Cristo mismo quien debe, por medio de su Espíritu Santo, morar en el corazón; solo entonces podemos conocer y tener en nosotros el amor que sobrepasa todo entendimiento.

"*Así como el Padre me ha amado, así también yo os he amado*". ¿No nos acercaremos al Cristo vivo y personal, para confiar en Él y para rendirnos por completo a Él, para que Él pueda amar con este amor dentro de nosotros? Así como Él era consciente y se regocijaba a cada hora, "*como el Padre me ha amado*", nosotros también podemos vivir en esa conciencia incesante; así como el Padre lo ama a Él, así también Él me ama a mí.

"*Así como el Padre me ha amado, así también yo os he amado*". Amado Señor, ahora comprendo que la vida del pámpano debe ser exactamente como la vida de la vid. Tú eres la vid, porque el Padre te amó y derramó su amor a través de ti. Y por eso tú me amas, y mi vida como pámpano debe ser como la tuya, debe ser la vida de un amor celestial que se recibe y se da.

20

Permaneced en mi amor

"Como el Padre me ha amado, así también yo os he amado; permaneced en mi amor" (Juan 15:9).

"*Permaneced en mi amor*". Hablamos del hogar como la morada de un hombre. Nuestra morada, el hogar de nuestra alma, debe ser el amor de Cristo. Debemos vivir nuestra vida allí, y estar en nuestra casa todo el día. Esto es lo que Cristo quiere decir en cuanto a lo que nuestra vida debe ser, y realmente debemos alcanzar. Nuestro continuo permanecer en la vid debe ser un permanecer en su amor.

Probablemente usted haya escuchado o leído acerca de lo que llaman la vida superior o la vida profunda, de la vida más rica o de la vida más plena o de la vida abundante. Y posiblemente sabe que algunos han hablado de un maravilloso cambio, por medio del cual sus vidas de continuo fracaso y tropiezo fueron transformadas por una muy bendecida experiencia de ser guardadas y fortalecidas, además de recibir una excesiva alegría. Si usted les pregunta cómo fue que esta gran bendición vino a ellos, muchos le dirán que fue simplemente esto, que creyeron que permanecer en el amor de Cristo fue pensado para ser una realidad y que ellos estuvieron dispuestos a dejar todo por Él, y luego fueron capacitados para confiar en que Cristo lo haría una realidad en ellos.

El amor del Padre por el Hijo no es un sentimiento, es una vida divina, una energía infinita, un poder irresistible. Ese amor llevó a Cristo por la vida, la muerte y la tumba. El Padre lo amaba y moraba en Él, y hacía todo por Él. Por eso, el amor de Cristo por nosotros, también es un infinito poder vivo que obrará en nosotros todo lo que Él se deleita en darnos. La debilidad de nuestra vida cristiana se debe a que no nos tomamos el tiempo para creer que este amor divino realmente se deleita en nosotros, y que poseerá y hará todo en nosotros. No nos tomamos el tiempo para ver a la vid sosteniendo totalmente al pámpano y haciendo absolutamente todo en él. Nos esforzamos en hacer por nosotros mismos lo que solo Cristo puede hacer, lo que Cristo, oh, tan amorosamente anhela hacer por nosotros.

Y ahora este es el secreto del cambio del que hablamos y el principio de una nueva vida, cuando el alma ve que este amor infinito está dispuesto a hacer todo y que se da a sí mismo por completo. *"permaneced en mi amor"*. Creer en esto, es posible para poder vivir momento a momento; creer que todo lo que lo hace difícil o imposible será derrotado por Cristo; creer que ese amor realmente significa el anhelo infinito de darse enteramente a nosotros; y en esta fe tomarnos de Cristo para que Él lo haga una realidad en nosotros; este es el secreto de la vida cristiana verdadera.

¿Y cómo llegar a tener esta fe? Quite sus ojos de lo visible para poder ver y tener lo invisible. Pase más tiempo con Jesús, fijando sus ojos en Él como la vid celestial que vive en el amor del Padre, queriendo que usted viva en su amor. Deje de confiar en usted mismo, en sus esfuerzos y en su fe, si quiere tener el corazón lleno de Él y la seguridad de su amor. Permanecer significa salir de todo lo demás, para ocupar un solo lugar y permanecer allí. Salga de todo lugar y fije su corazón en Jesús y en su amor, ese amor despertará su fe y la fortalecerá. Ocúpese en ese amor, adórelo, espérelo. Puede estar seguro de que Él se extenderá hacia usted, y por su poder lo llevará hacia Él y Él será su morada y su hogar.

"Permaneced en mi amor". Señor Jesús, lo veo, fue tu permanecer en el amor de tu Padre que te hizo la vid verdadera, con tu divina plenitud de amor y de bendición para nosotros. Oh, que como pámpano yo también pueda permanecer en tu amor, para que su plenitud me llene y fluya en todo lugar.

21

Obedecer y permanecer

"Si guardáis mis mandamientos, permaneceréis en mi amor" (Juan 15:10).

En nuestra meditación anterior se hizo referencia a la entrada en una vida de descanso y de fuerza, que muchas veces ha venido a través de una verdadera visión del amor personal de Cristo y de la seguridad en cuanto a lo que ese amor realmente significaba: que Él guardaría el alma. En relación a esa transición, y a la fe que la ve y la acepta, es que la palabra rendición o consagración es usada frecuentemente. El alma ve que no puede demandar la tenencia de este amor maravilloso a menos que se rinda a una vida de total obediencia. Ve también que la fe que puede confiar en Cristo para guardarnos del pecado debe probar su sinceridad arriesgándose de una vez por todas a confiar en que Él dará la fuerza para obedecer. En esa fe se atreve a abandonar y a cortar todo lo que hasta ahora lo ha impedido, y a prometer y esperar vivir una vida que sea agradable delante de Dios.

Este es el pensamiento que ahora tenemos aquí en la enseñanza de nuestro salvador. Después de haber hablado con las palabras, "*permaneced en mi amor*", de una vida en su amor como una necesidad, porque es una posibilidad y una obligación al mismo tiempo, Él declara que la única condición es: "*Si guardáis mis mandamientos, permaneceréis en mi amor*". Sin duda esto no significaba cerrar la puerta a la morada de su amor la cual ya había abierto. En ninguna forma sugiere el pensamiento, que algunos consideran tan rápidamente, que así como no podemos guardar sus mandamientos, tampoco podemos permanecer en su amor. No; el mandato es una promesa: "*permaneced en mi amor*", podría no ser un mandato si no fuera una promesa. Por lo tanto, la enseñanza con respecto al camino a través de esta puerta abierta no señala a ningún ideal inalcanzable; el amor que invita a su bendita morada extiende la mano y nos capacita para guardar sus mandamientos. No temamos, en la fuerza de nuestro ascendido Señor, en tomar el voto de obediencia y en dar nuestras vidas para guardar sus mandamientos. A través de su voluntad, amada y realizada, está el camino hacia su amor.

Solo entendamos bien lo que significa. Se refiere a nuestra interpretación de todo lo que conocemos acerca de la voluntad de Dios. Pueden haber cosas inciertas, de las cuales no estamos seguros. Un pecado de ignorancia todavía tiene la naturaleza del pecado en sí. Pueden haber pecados involuntarios, que se levantan en la carne, los cuales no podemos controlar ni vencer. Con respecto a esto Dios tratará a su debido tiempo en el camino de la búsqueda y la humillación, y si somos simples y fieles nos dará una liberación más grande de la que nos atreveríamos esperar. Pero todo esto puede ser encontrado en un alma verdaderamente obediente. La obediencia hace referencia al cumplimiento positivo de los mandamientos de nuestro Señor, y al cumplimiento de su voluntad en todo lo que conocemos de esa voluntad. Esto es un posible grado de gracia, y es la aceptación en la fuerza de Cristo de tal obediencia como el propósito de nuestro corazón, de lo que nuestro Señor habla aquí. La fe en Cristo como nuestra vid, en su poder fortalecedor y santificador, nos ajusta para esta obediencia de fe, y asegura una vida de permanencia en su amor.

"*Si guardáis mis mandamientos, permaneceréis en mi amor*". Es la vid celestial que revela el misterio de la vida que Él da. Es a aquellos que permanecen en Él a quienes revela el secreto de la permanencia plena en su amor. Es la rendición sincera en todo para hacer su voluntad, la que da acceso a una vida en el gozo permanente de su amor.

Obedecer y permanecer. Señor de toda gracia, enséñame esta lección, que solo al conocer tu voluntad podemos conocer tu corazón, y solo al hacer esa voluntad podemos permanecer en tu amor. Señor, enséñame que así como tan indigno es hacerlo en mi propia fuerza, tan esencial y absolutamente indispensable es la obra de la fe en tu fuerza, si realmente quiero permanecer en tu amor.

22

Vosotros, así como yo

"Si guardáis mis mandamientos, permaneceréis en mi amor, así como yo he guardado los mandamientos de mi Padre, y permanezco en su amor" (Juan 15:10).

Más de una vez hemos tenido la ocasión de hablar de la perfecta similitud entre la vid y el pámpano en la naturaleza, y por lo tanto en el objetivo. Aquí Cristo ya no habla más en forma de parábola, sino que simplemente nos habla de cuánto su propia vida es el modelo exacto de las nuestras. Él ha dicho que solo por medio de la obediencia podemos permanecer en su amor. Ahora Él dice que esta era la forma en la que Él permanecía en el amor del Padre. Así como la vid, así también el pámpano. La vida de Cristo, su fuerza y su gozo han estado en el amor del Padre. Solo por medio de la obediencia permanecía en Él. Podemos encontrar nuestra vida, nuestra fuerza y nuestro gozo en su amor todo el día, pero solo por medio de una obediencia como la de Él nosotros podemos permanecer en Él. La perfecta correspondencia con la vid es una de las lecciones más preciosas acerca del pámpano. Fue por medio de la obediencia que, Cristo como la vid, honraba al Padre como el labrador; es por medio de la obediencia que el creyente como pámpano, honra a Cristo como la vid.

Obedecer y permanecer. Esa era la ley de la vida de Cristo tanto como debe serlo para nosotros. Jesús fue hecho como nosotros en todas las cosas, para que podamos ser como Él en todo. Abrió un camino por el cual podemos caminar como Él anduvo. Tomó nuestra naturaleza humana para enseñarnos a usarla y para mostrarnos cómo la obediencia, la primera obligación de la criatura, es lo único por lo que podemos permanecer en el favor de Dios y entrar en su gloria. Y ahora viene a instruirnos y animarnos, y nos pide que guardemos sus mandamientos, de la manera en que Él guardó los mandamientos de su Padre y permanece en su amor.

La aptitud divina de esta relación entre obedecer y permanecer, entre los mandamientos de Dios y su amor, es vista fácilmente. La voluntad de Dios es el centro de su perfección divina. Como está escrito en sus mandamientos, abre el camino para que la criatura crezca en la semejanza del Creador. Al aceptar y hacer su voluntad, me levanto en comunión con Él. Por eso era que el Hijo, cuando vino al mundo dijo: "*¡Vengo para hacer tu voluntad oh, Dios!*" (Hebreos 10:9). Este era el lugar y esta sería la bienaventuranza de la criatura. Esto era lo que el hombre había perdido en la caída. Esto es lo que Cristo vino a restaurar. Esto es lo que, como la vid celestial, Él pide de nosotros y nos imparte; que así como Él, al guardar los mandamientos de su Padre, permanecía en su amor, nosotros también debemos guardar sus mandamientos y permanecer en su amor.

Sí, así como yo el pámpano no puede dar fruto, excepto cuando tiene exactamente la misma vida de la vid. Nuestra vida debe ser el complemento exacto de la vida de Cristo. Puede ser solo en la medida en que creamos en que Él es la vid que se imparte e imparte su vida a sus pámpanos. "Sí, así como yo", dice la vid: Una ley, una naturaleza, un fruto. Tomemos de nuestro Señor la lección de la obediencia como el secreto para permanecer. Confesemos que la obediencia simple, implícita y universal, ha tomado muy poco del lugar que debería ocupar. Cristo murió por nosotros aún siendo sus enemigos, cuando éramos desobedientes. Él nos tomó en su amor; ahora que estamos en Él, su palabra es: "Obedece y permanece; sí, así como yo". Entreguémonos a una obediencia dispuesta y amorosa. Él nos mantendrá permaneciendo en su amor.

Sí, así como yo. Oh, mi bendita vid, que haces que el pámpano sea en todo partícipe de tu vida y tu semejanza, en esto también debo ser como tú: ¡Así como es tu vida en el amor del Padre, así sea mi vida en tu amor! Salvador, ayúdame, para que la obediencia pueda ser realmente el eslabón entre tú y yo.

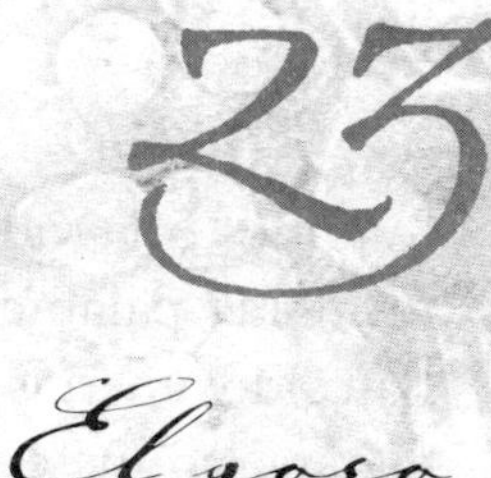

El gozo

"Estas cosas os he hablado, para que mi gozo esté en vosotros, y vuestro gozo sea cumplido" (Juan 15:11).

Si alguno hace la pregunta: "¿Cómo puedo ser un cristiano feliz?", la respuesta de nuestro Señor es muy simple: *"Estas cosas...* [acerca de la vid y los pámpanos] *os he hablado, para que mi gozo esté en vosotros, y vuestro gozo sea cumplido"*. "No podéis tener mi gozo sin mi vida. Permaneced en mí y permitid que yo permanezca en vosotros, y mi gozo estará en vosotros". Toda vida saludable es una vida de gozo y de belleza; viva simplemente la vida del pámpano y usted tendrá el gozo de Cristo en su máxima expresión.

Para muchos cristianos el pensamiento de una vida de total permanencia en Cristo es una vida agobiante y de dolorosos esfuerzos. Ellos no pueden ver que el agobio y el esfuerzo solo vienen cuando no estamos incondicionalmente rendidos a la vida de Cristo en nosotros. Las primeras palabras de la parábola todavía no han sido abiertas para ellos: "Yo soy la vid verdadera; yo me encargo de todo y proveo para todo; no pido nada del pámpano excepto que se rinda totalmente a mí y me permita hacer todo. Me comprometo a hacer y a cuidar del pámpano en todo lo que deba ser". ¿No debería ser un gozo infinito e incesante el hecho de tener a la vid haciendo todo de esta manera y saber que es nada menos que el Hijo de Dios en su amor quien a cada momento está sosteniendo y manteniendo nuestra vida?

"*Para que mi gozo esté en vosotros*". Debemos tener el gozo de Cristo en nosotros. ¿Y cuál es el gozo de Cristo? No hay ningún gozo como el amor. No existe ningún gozo sino el amor. Cristo acababa de hablar del amor del Padre y de su permanencia en Él, y de que Él nos había amado con ese mismo amor. Su gozo no es otra cosa que el gozo del amor, el gozo de ser amado y de amar. Era el gozo de recibir el amor de su Padre y de permanecer en Él, y después el gozo de pasar ese amor y derramarlo en los pecadores. Es el gozo que Él quiere que nosotros compartamos: El gozo de ser amado por el Padre y por Él; el gozo de amar y vivir por aquellos que nos rodean. Este es el gozo de ser pámpanos verdaderos: Permanecer en su amor, y luego darnos en amor para dar fruto para otros. Aceptemos su vida, como Él la da dentro de nosotros como la vid, y su gozo será nuestro: El gozo de permanecer en su amor, el gozo de amar como Él, de amar con su amor.

"*Y que vuestro gozo sea cumplido*". Para que pueda ser completo, para que usted pueda estar lleno de Él. Qué triste es que necesitemos tanto que se nos recuerde que solo Dios es la fuente de todo gozo. "Dios, nuestro supremo gozo", ¡la única manera de ser perfectamente felices es tener tanto de Dios, tanto de su voluntad y de su comunión, como sea posible! La religión está hecha para ser cada día un gozo indecible. ¿Y por qué muchos se quejan de que no es así? Porque ellos no creen que no existe ningún gozo como el gozo de permanecer en Cristo y en su amor, y de ser pámpanos a través de quienes Él puede derramar su amor en un mundo en agonía.

Oh, que la voz de Cristo pueda alcanzar el corazón de cada joven cristiano y persuadirlo para que crea que el amor del Señor es el único gozo verdadero, que su gozo puede llegar a ser nuestro y que realmente nos llena, y que la única manera segura y simple de vivir en Él es solamente esto: Permanecer como pámpanos en aquel que es nuestra vid celestial. Que la verdad entre en lo profundo de nosotros. Mientras nuestro gozo no sea perfecto, es una señal de que todavía no conocemos bien a nuestra vid celestial; cada deseo de un gozo más pleno, solo debe impulsarnos a permanecer más simple y plenamente en su amor.

Mi gozo, vuestro gozo. En esto también se encuentra: Así como la vid, así también el pámpano; toda la vid debe estar en el pámpano. Tu gozo es nuestro gozo. Si tu gozo está en nosotros, nuestro gozo es perfecto. Bendito Señor, lléname con tu gozo, con el gozo de ser amado y bendecido con un amor divino; el gozo de amar y de bendecir a otros.

Amaos los unos a los otros

"Este es mi mandamiento: que os améis los unos a los otros" (Juan 15:12).

Dios es amor. Toda su naturaleza y su perfección es amor, vive no para sí mismo, sino para conceder vida y bendición. En su amor Él engendró al Hijo, para poder darle todo a Él. En su amor, Él creó criaturas para poder hacerlas partícipes de su bienaventuranza.

Cristo es el Hijo del amor de Dios, el portador, el revelador y el comunicador de ese amor. Su vida y su muerte fue todo amor. El amor es su vida y la vida que Él da. Él solo vive para amar, para vivir su vida de amor en nosotros, para darse a sí mismo en todo aquel que lo recibe. El primer pensamiento de la vid verdadera es amor. Él vive solamente para impartir su vida a los pámpanos.

El Espíritu Santo es el Espíritu de amor. Él no puede impartir la vida de Cristo sin impartir su amor. La salvación no es otra cosa que el amor conquistando y entrando en nosotros; tenemos tanta salvación como tengamos de su amor. La salvación plena es el perfecto amor.

No me sorprende que Cristo haya dicho: *"Un mandamiento nuevo os doy"*; *"Este es mi mandamiento"*, el único mandamiento que incluye todo: *"que os améis los unos a los otros"* (Juan 13:34). El pámpano no es solamente uno con la vid, sino con todos los otros pámpanos; ellos beben un solo espíritu, forman un solo cuerpo y dan un solo fruto. Nada puede ser más antinatural que el hecho de que los cristianos no se amen los unos a los otros así como Cristo los ha amado. La vida que ellos han recibido de su vid celestial no es otra cosa que amor. Sobre todas las otras cosas, esto es lo único que Él pide: *"En esto conocerán todos que sois mis discípulos, si os tenéis amor los unos a los otros"* (Juan 13:35). Así como una vid especial es conocida por el fruto que produce, la naturaleza de la vid celestial debe ser juzgada por el amor que sus discípulos se tienen unos a otros.

Asegúrese de que está obedeciendo este mandamiento. Permita que su "obedecer y permanecer" sean vistos en esto. Ame a sus hermanos como la manera de permanecer en el amor de su Señor. Haga que su voto de obediencia comience aquí. Ámense los unos a los otros. Que su comunicación con los cristianos en su propia familia sea santa, afectuosa, con un amor como el de Cristo. Que sus pensamientos con respecto a los cristianos que están cerca de usted, estén ante todo, en el espíritu del amor de Cristo. Que su vida y su conducta sean el sacrificio del amor. Preocúpese y piense en los pecados o en las necesidades de ellos, para interceder por ellos, para ayudarles y para servirles. Sea en su iglesia o círculo la encarnación del amor de Cristo. La vida que Cristo vive en usted es amor. Que la vida en la que usted vive sea toda de amor.

Pero, amigo, usted escribe como si todo esto fuera tan natural, tan simple y tan fácil. ¿Es posible vivir y amar de este modo? Mi respuesta es: Cristo lo ordena y usted debe obedecer. Cristo dice: Usted debe obedecer, de lo contrario no podrá permanecer en su amor.

Pero, he tratado y he fracasado. No veo ninguna perspectiva de vivir como Cristo. ¡Ah! Eso es porque usted ha fallado al no tomar la primera palabra de la parábola, "Yo soy la vid verdadera: Yo doy todo lo que necesitas como pámpano, doy todo lo que yo tengo". Oro para que usted permita que los fracasos pasados y la debilidad presente lo lleven a la vid. Él es todo amor. Él ama dar. Él da amor. Él le enseñará a amar, así como Él ha amado.

"Amaos los unos a los otros". Amado Señor Jesús, tú eres todo amor; la vida que nos diste es amor; tu nuevo mandamiento, y tu identificación del discipulado es: *"Amaos los unos a los otros"*. Acepto el compromiso: Con el amor con el que tú me has amado y yo te amo, amaré a mis hermanos.

25

Así como yo os he amado

"Este es mi mandamiento: Que os améis unos a otros, como yo os he amado" (Juan 15:12).

Esta es la segunda vez que nuestro Señor usa la expresión, *como yo*. La primera vez se refería a su relación con el Padre, guardando sus mandamientos y permaneciendo en su amor. Así también nosotros debemos guardar sus mandamientos y permanecer en su amor. La segunda vez habla de su relación con nosotros como el principio de nuestro amor hacia nuestros hermanos: "*Amaos los unos a los otros, como yo os he amado*". En cada caso su disposición y conducta debe ser la ley para nuestra disposición y nuestra conducta. Una vez más es la verdad en la que hemos insistido reiteradamente: La perfecta semejanza entre la vid y el pámpano.

"*Como yo*". ¿Pero no es una cosa vana el imaginar que podemos guardar sus mandamientos, y amar a los hermanos, así como Él guardaba los mandamientos de su Padre y como Él nos ha amado? ¿El intento no va a acabar en fracaso y desánimo? Indudablemente, si buscamos llevar a cabo el mandamiento en nuestra propia fuerza o sin una comprensión plena de la verdad de la vid y sus pámpanos. Pero si entendemos que el "*como yo*" es simplemente la única gran lección de la parábola, el único lenguaje continuo de la vid hacia el pámpano, veremos que no se trata de lo que nos sentimos capaces de lograr, sino de lo que Cristo es capaz de obrar en nosotros. Estos supremos y santos mandamientos: "Obedeced, así como yo, y amad, así como yo", están para llevarnos a la conciencia de nuestra incapacidad y, a través de eso, despertarnos a la necesidad, a la belleza y a la suficiencia de lo que está provisto para nosotros en la vid. Empezaremos a escuchar a la vid que habla a cada momento al pámpano: "Así como yo. Así como yo: Mi vida es vuestra vida, y esa vida comparte de toda mi plenitud; el Espíritu en vosotros, y el fruto que viene de vosotros, es exactamente lo mismo que hay en mí. No tengan temor, más bien permitan que vuestra fe abrace todos los "*como yo*", con la divina seguridad en que debido a que yo vivo en vosotros, vosotros podéis vivir como yo".

¿Pero, si esto realmente fuera el significado de la parábola, si esta realmente fuera la vida que un pámpano puede vivir, por qué tan pocos pueden entenderlo? Porque no conocen el misterio celestial de la vid. Saben mucho de la parábola y de sus hermosas lecciones. Pero el misterio espiritual secreto de la vid en su divina omnipotencia y cercanía, dando y proveyéndoles todo el día, esto, ellos no lo saben, porque no esperan hasta que el Espíritu de Dios se los revele.

"*Amaos los unos a los otros, como yo os he amado*". "Sí, así como yo". ¿Cómo debemos empezar si en verdad deseamos conocer el misterio? Con la confesión de que necesitamos ser llevados a un modo de vida totalmente nuevo, porque todavía no hemos conocido a Cristo como la vid en la integridad de su poder vivificador y transformador. Siendo limpios de todo lo que es del ego, por medio de la rendición, y apartados de todo lo que está en el mundo, para vivir sola y enteramente como Cristo vivió para la gloria del Padre. Y entonces con la fe en que este "*como yo*", que de hecho es lo que Cristo está listo para hacer realidad, mantendrá la misma vida de la vid en el pámpano, totalmente dependiente de Él. Así como yo. Siempre será, mi bendito Señor, así como la vid, así también el pámpano: Una vida, un espíritu, una obediencia, un gozo, y un amor.

Señor Jesús, con la fe en que tú eres mi vid, y en que yo soy tu pámpano, acepto tu mandamiento como una promesa, y tomo tu "*como yo*" como la simple revelación de lo que tú haces en mí. Sí, Señor, como tú has amado yo también amaré.

26

La amistad de Cristo: su origen

"Nadie tiene mayor amor que este, que uno ponga su vida por sus amigos" (Juan 15:13).

En los siguientes tres versículos, nuestro Señor habla de su relación con sus discípulos bajo un nuevo aspecto, el de la amistad. Él nos señala al amor en el cual tiene su origen (versículo 13); a la obediencia de nuestra parte por medio de la cual ese amor es mantenido (versículo 14); y luego a la santa intimidad hacia la cual nos lleva (versículo 15).

Nuestra relación con Cristo es una relación de amor. Al hablar de esto previamente, Él nos mostraba lo que su amor era en su gloria celestial, y el mismo amor con el que el Padre lo había amado. Y aquí lo tenemos en su manifestación terrenal, dar su vida por nosotros. *"Nadie tiene mayor amor que este, que uno ponga su vida por sus amigos"*. Cristo en realidad anhela hacernos conocer que la raíz del secreto y la fuerza de todo lo que Él es y hace por nosotros como la vid, es el amor. Mientras aprendemos a creer en esto, podemos sentir que aquí hay algo en lo que no solo debemos pensar y conocer, sino que hay un poder divino, una vida divina que necesitamos recibir dentro de nosotros. Cristo y su amor son inseparables; son idénticos. Dios es amor y Cristo es amor. Dios y Cristo y el amor divino solo pueden ser conocidos cuando los tenemos, cuando la vida y el poder de ellos están trabajando dentro de nosotros. *"Esta es la vida eterna, que te conozcan a ti"* (Juan 17:3); no es posible conocer a Dios excepto teniendo la vida. La vida que trabaja en nosotros solo la da el conocimiento. Y así también el amor; si lo conociéramos, beberíamos de su río de vida, y debería fluir de nosotros por medio del Espíritu Santo.

"Nadie tiene mayor amor que este, que uno ponga su vida por sus amigos". La vida es lo

más precioso que un hombre tiene; la vida es todo lo que él es; la vida es él mismo. Esta es la medida suprema del amor: Cuando un hombre da su vida, no deja nada atrás, da todo lo que tiene y es. Es esto lo que el Señor Jesús quiere aclararnos en cuanto al misterio de la vid; con todo lo que tiene, Él mismo se ha puesto a nuestra disposición. Él quiere que lo contemos como nuestro; quiere ser totalmente nuestra posesión, para que nosotros podamos ser enteramente su posesión. Dio su vida por nosotros en la muerte pero no simplemente como un acto; no, sino para hacerse nuestro por la eternidad. Vida por vida. Él dio su vida para que nosotros la poseamos y para que podamos dar nuestra vida para que Él la posea. Esto es lo que enseña la parábola de la vid y el pámpano, en la maravillosa identificación de ellos y en su perfecta unión.

Es como saber algo de esto, no por la razón ni por la imaginación sino en lo profundo del corazón y de la vida, para que empecemos a ver lo que nuestras vidas deben ser como pámpanos de la vid celestial. Él se dio a sí mismo hasta morir; se perdió para que nosotros podamos encontrar vida en Él. Esta es la vid verdadera, quien solo vive para vivir en nosotros. Este es el principio y la raíz de esa amistad santa a la cual Cristo nos invita.

¡Grande es el misterio de la piedad! Confesemos nuestra ignorancia y nuestra incredulidad. Dejemos de tratar de dominarlo con nuestro entendimiento o con nuestras propias fuerzas. Esperemos hasta que el Espíritu Santo que vive en nosotros nos lo revele. Confiemos en su infinito amor, el cual dio su vida por nosotros, para tomar posesión y regocijarse al hacernos totalmente de su propiedad.

Su vida por sus amigos. ¡Qué maravillosas son las lecciones de la vid, da su propia vida a sus pámpanos! Y Jesús dio su vida por sus amigos. Y ese amor se da a sí mismo para ellos y en ellos. ¡Mi vid celestial, oh, enséñame cuán plenamente tú anhelas vivir en mí!

27

La amistad de Cristo: su evidencia

"Vosotros sois mis amigos si hacéis lo que yo os mando" (Juan 15:14).

Nuestro Señor nos dice lo que Él dio como prueba de su amistad: Dio su vida por nosotros. Ahora Él nos dice cuál debe ser nuestra parte: Hacer lo que Él nos manda. Él dio su vida para asegurar un lugar para su amor en nuestros corazones y para que ese amor nos gobierne; la respuesta que su amor requiere de nosotros, y para la que nos capacita, es que hagamos lo que Él nos manda. Mientras conocemos su amor, obedeceremos gozosamente sus mandamientos. Mientras obedecemos sus mandamientos, conoceremos al amor más plenamente. Cristo ya había dicho: *"Si guardáis mis mandamientos, permaneceréis en mi amor"*. Él lo considera absolutamente necesario puesto que repite esta verdad: La única prueba de nuestra fe en su amor, la única manera de permanecer en Él, la única marca que nos identifica como pámpanos verdaderos, es, hacer las cosas que Él nos manda. Él empezó con la rendición total de su vida por nosotros. Y no puede pedir nada menos de nosotros. Solo esta clase de vida será una vida con su amistad.

Esta verdad, sobre la imperiosa necesidad de la obediencia, de hacer todo lo que Cristo nos manda, no tiene el lugar en nuestra enseñanza cristiana ni en nuestra vida que Cristo quiere que tenga. Le hemos dado un lugar muy alto al privilegio en vez de darlo a la obligación. No hemos considerado implícita a la obediencia como una condición para el discipulado verdadero. El pensamiento secreto de que es imposible hacer las cosas que Él nos manda, y de que por eso no puede esperarse tal cosa de nosotros, además de un sutil e inconsciente sentimiento de que el pecado es una necesidad, frecuentemente ha robado el poder de ambos mandamientos y ambas promesas. La relación total con Cristo ha llegado a oscurecerse y reducirse, la espera en su enseñanza, el poder para escuchar y obedecer su voz, y a través de la obediencia disfrutar de su amor y su amistad, han sido debilitados por ese terrible error. Tratemos de volver a la posición verdadera, tomemos seriamente las palabras de Cristo porque son literalmente verdaderas y no hagamos nada menos que la ley de nuestra vida: "*Vosotros sois mis amigos si hacéis lo que yo os mando*". Sin duda nuestro Señor no pide nada menos que sinceramente y en verdad podamos decirle: "Sí, Señor, lo que tú mandes, eso haré".

Estos mandamientos deben ser obedecidos como una prueba de amistad. El poder para hacerlo descansa enteramente en la relación personal con Jesús. Por un amigo yo haría lo que no haría por algún otro. La amistad de Jesús es tan celestial y tan maravillosa, viene a nosotros con el poder de un amor divino que entra y toma posesión, la inquebrantable comunión con Él es esencial para ello, e implica e imparte un gozo y un amor que hacen que la obediencia sea un deleite. La libertad para demandar la amistad de Jesús, el poder para disfrutarla, la gracia para probarla en toda su bienaventuranza: Todo viene mientras hacemos todo lo que Él nos manda.

La única cosa necesaria es que le pidamos a nuestro Señor que se revele a nosotros en el amor con el que ha probado ser nuestro amigo, y que luego escuchemos cuando Él nos dice: "*Vosotros sois mis amigos*". Cuando vemos lo que nuestro amigo ha hecho por nosotros y cuán indecible bienaventuranza es el hecho que Él nos llame amigos, el hacer sus mandamientos se convierte en el fruto natural de nuestra vida en su amor. No debemos tener temor de decir: "Sí, Señor, somos tus amigos y hacemos lo que tú nos mandas".

"*Si hacéis*". Sí, es en el hacer que somos bendecidos, podemos permanecer en su amor y podemos disfrutar de su amistad. ' *¡Si hacéis lo que yo os mando!*". Oh, mi Señor, permite que tu santa amistad me guíe en el amor de todos tus mandamientos, y que el hacer tus mandamientos me sumerja más profundamente en tu amistad.

28

La amistad de Cristo: su intimidad

"Ya no os llamaré siervos, porque el siervo no sabe lo que hace su señor; pero os he llamado amigos, porque todas las cosas que oí de mi Padre, os las he dado a conocer" (Juan 15:15).

La prueba suprema de la verdadera amistad, y una gran fuente de su bienaventuranza, es la intimidad que no se guarda nada y admite que el amigo comparta nuestros secretos más íntimos. Es una bendición ser un siervo de Cristo; sus redimidos se deleitan en llamarse sus esclavos. Cristo habló muchas veces de los discípulos como sus siervos. En su gran amor, nuestro Señor ahora dice: "Ya no os llamo siervos"; con la venida del Espíritu Santo, una nueva era debía ser inaugurada. "*El siervo no sabe lo que hace su señor*", tiene que obedecer sin ser consultado ni ser admitido en lo secreto de todos los planes de su maestro. *"Pero os he llamado amigos, porque todas las cosas que oí de mi Padre, os las he dado a conocer"*. Los amigos de Cristo comparten con Él todos los secretos que el Padre le ha confiado.

Pensemos en lo que esto significa. Cuando Cristo habló de guardar los mandamientos de su Padre, no quería decir simplemente lo que estaba escrito en la Santa Escritura, sino de aquellos mandamientos especiales que le eran comunicados día tras día y hora tras hora. Era de estos mandamientos que decía: *"Porque el Padre ama al Hijo, y le muestra todas las cosas que él hace; y mayores obras que estas le mostrará, de modo que vosotros os maravilléis"* (Juan 5:20). Todo lo que Cristo hacía era la obra de Dios. Dios le mostraba a Cristo, para que Él llevara a cabo la voluntad y el propósito de Dios, no como el hombre muchas veces lo hace, a ciegas y sin inteligencia, sino con una plena comprensión y una plena aprobación. Como alguien que estaba en el consejo de Dios, Él conocía el plan de Dios.

Y ahora esta es la bienaventuranza de ser los amigos de Cristo, que no hacemos su voluntad como siervos, sin la visión espiritual necesaria en cuanto a su significado y su objetivo, sino que somos admitidos, en un círculo íntimo, en algún conocimiento de los pensamientos más secretos de Dios. Desde el Día de Pentecostés en adelante, por medio del Espíritu Santo, Cristo tenía que guiar a sus discípulos en la compresión espiritual de los misterios del reino, de los cuales hasta aquí Él había hablado por parábolas.

La amistad se deleita en la comunión. Los amigos cuidan el consejo. Los amigos se atreven a confiarse unos a otros lo que por nada harían conocer a otros. ¿Qué le da a un cristiano el acceso a esta santa intimidad con Jesús? ¿Qué le da esa capacidad espiritual para recibir la comunicación que Cristo tiene que hacer de lo que el Padre le ha mostrado? *"Vosotros sois mis amigos si hacéis lo que yo os mando"* (Juan 15:14). Es la amorosa obediencia la que purifica el alma. Eso se refiere no solo a los mandamientos de La Palabra, sino a esa bendita aplicación de La Palabra a nuestra vida diaria, la cual nadie, sino solo nuestro Señor puede dar. Pero como estas cosas deben esperarse en dependencia y en humildad, y deben ser obedecidas fielmente, el alma se ajusta para una comunión continua y más cercana, y la vida diaria puede llegar a ser una continua experiencia: "*...pero os he llamado amigos, porque todas las cosas que oí de mi Padre, os las he dado a conocer*".

"*Os he llamado amigos*". ¡Qué honor indecible! ¡Qué privilegio celestial! Oh, Salvador, di la palabra con poder en mi alma: "Te he llamado a ti mi amigo, eres mi amor y a quien haré conocer todo lo que pase entre mi Padre y yo".

29

La elección

"No me elegisteis vosotros a mí, sino que yo os elegí a vosotros, y os he puesto para que vayáis y llevéis fruto" (Juan 15:16).

El pámpano no elige a la vid, ni decide en qué vid quiere crecer. La vid produce al pámpano, cómo y dónde crecerá. Así también Cristo dice: *"No me elegisteis vosotros a mí, sino que yo os elegí a vosotros"*. Pero alguno dirá que esta no es la única diferencia entre el pámpano en lo natural y el pámpano en el mundo espiritual, que el hombre tiene una voluntad y un poder para elegir, y que es en virtud de haber decidido aceptar a Cristo, y por haberlo elegido como su Señor, que ahora es un pámpano. Indudablemente esto es verdad. Pero es solo la mitad de la verdad. La lección de la vid, y la enseñanza de nuestro Señor, señala la otra mitad, la más profunda, al lado divino de nuestra estadía en Cristo. Si Él no nos hubiera elegido, nosotros nunca lo hubiéramos elegido a Él. El hecho de haberlo elegido es el resultado de la elección de nuestro Señor al tomar nuestras vidas. En la naturaleza de las cosas, su prerrogativa como vid es elegir y crear su propio pámpano. Debemos todo lo que somos a "la elección por gracia". *"Porque por gracia sois salvos por medio de la fe; y esto no de vosotros, pues es don de Dios"* (Efesios 2:8). Si queremos conocer a Cristo como la vid verdadera, al único origen y a la única fuerza de la vida del pámpano, y a nosotros mismos como pámpanos en nuestra absoluta, más bendecida y más segura dependencia en Él, bebamos una buena cantidad de esta bendita verdad: *"No me elegisteis vosotros a mí, sino que yo os elegí a vosotros"*. ¿Y desde qué punto de vista Cristo dice esto? Para que podamos saber cuál es el objeto por el cual Él nos eligió, y encontrar, en la fe en esa elección, la certidumbre del cumplimiento de nuestro destino. En toda La Escritura, este es el gran objeto de la enseñanza de la elección. "*Los predestinó para que fuesen hechos conformes a la imagen de su Hijo*" (Romanos 8:29); para ser pámpanos a imagen y semejanza de la vid; "*llamados a ser santos*" (1 Corintios 1:2); "*que Dios os haya escogido desde el principio para salvación, mediante la santificación por el Espíritu y la fe en la verdad*" (2 Tesalonicenses 2:13). Algunos han abusado de la doctrina de la elección, y otros por temor al abuso de ella, la han rechazado, y han pasado por alto esta enseñanza. Han estado ocupados con el origen secreto en la eternidad, con los misterios inescrutables del consejo de Dios, en lugar de aceptar la revelación de su propósito en su tiempo y las bendiciones que esta enseñanza trae a nuestra vida cristiana.

Solo piense en lo que son estas bendiciones. En nuestro versículo, Cristo revela su doble propósito al elegirnos para ser sus pámpanos: para que podamos dar fruto en la Tierra, y para que tengamos poder en la oración en el cielo. ¡Qué confianza tenemos al pensar en que Él nos eligió para esto y que no fallará al ajustarnos para que podamos llevar a cabo su propósito! ¡Qué seguridad de que podemos dar fruto que permanezca y que podamos orar para obtener lo que pedimos! ¡Qué llamado continuo a la más profunda humildad y alabanza, a la más completa dependencia y esperanza! No nos elegiría para lo que no podemos hacer, ni para lo que Él no podría hacer por nosotros. Él nos eligió a nosotros; esta es la garantía, Él hará todo en nosotros.

Escuchemos en silencio lo que nuestra santa vid nos dice a cada uno de nosotros: "*¡Vosotros no me elegisteis a mí!*". Y digamos, "¡Sí, Señor, pero yo te elegí a ti! ¡Amén, Señor!". Pídale que le muestre lo que esto significa. En Él, la vid verdadera, su vida como pámpano tiene su origen divino, su seguridad eterna y el poder para cumplir con el propósito de nuestro Señor. De Él, a cuya voluntad de amor debemos todo, podemos esperar todo. En Él, en su propósito, en su poder, en su fidelidad y en su amor quiero permanecer.

Te elijo a ti. Señor, enséñame lo que esto significa. Que tú has puesto tu corazón en mí y me has elegido para dar fruto que permanezca, y para hacer la oración que prevalezca. En este tu propósito eterno, mi alma puede descansar y decir: “Para lo que Él me eligió, yo seré, puedo serlo y lo seré”.

30

El fruto que permanece

"Yo os elegí a vosotros, y os he puesto para que vayáis y llevéis fruto, y vuestro fruto permanezca" (Juan 15:16).

Hay algunos frutos que no permanecerán. Cierto tipo de peras o manzanas deberán ser usadas enseguida; otra clase podrá ser conservada hasta el próximo año. Así también en la obra cristiana hay algunos frutos que no durarán. Pueden haber muchas cosas agradables y que edificaron moralmente, pero sin ninguna impresión permanente en el poder del mundo ni en el estado de la Iglesia. Por otro lado, hay obras que dejan su marca por generaciones o por la eternidad. En ellas el poder de Dios se hace sentir eternamente. Es el fruto del que Pablo habla cuando describe los dos estilos de ministerio: *"y ni mi palabra ni mi predicación fue con palabras persuasivas de humana sabiduría, sino con demostración del Espíritu y de poder, para que vuestra fe no esté fundada en la sabiduría de los hombres, sino en el poder de Dios*" (1 Corintios 2:4-5). Cuanto más haya del hombre con su poder y su sabiduría, menor será la estabilidad; cuanto más haya del Espíritu de Dios, mayor será la fe que permanece en el poder de Dios.

El fruto revela la naturaleza del árbol de donde viene. ¿Cuál es el secreto para dar fruto que permanezca? La respuesta es simple. Es cuando nuestra vida permanece en Cristo, cuando permanecemos en Él, que el fruto que damos permanecerá. Si permitimos que todo lo que es de la voluntad y del esfuerzo humano sea cortado lo más posible y somos limpiados por el divino labrador, más rápidamente nuestro ser se aparta de lo exterior para que Dios pueda obrar en nosotros a través de su Espíritu; es decir, cuanto más completamente permanecemos en Cristo, más permanecerá nuestro fruto.

¡Qué bendito pensamiento! Él lo eligió a usted, y lo designó para dar fruto, y para que su fruto permanezca. Él nunca tuvo la intención de que uno de sus pámpanos produjera un fruto que no permaneciera. Cuanto más profundamente yo penetre en el propósito de esta su elección por gracia, más segura será mi confianza en que puedo dar fruto para vida eterna, para mí y para otros. Cuanto más profundamente entre en este propósito de su elección por amor, más claro será para mí cuál es el eslabón que está entre el propósito desde la eternidad y el fruto hacia la eternidad, y ese eslabón es: el permanecer en Él. Es su propósito, Él lo llevará a cabo; el fruto le pertenece.

Él lo producirá; el permanecer es de Él, y Él lo mantendrá. Que todo aquel que confiesa ser un obrero cristiano, haga una pausa. Pregunte si usted está dejando su marca por la eternidad en aquellos que lo rodean. No es su predicación ni su enseñanza, ni su fuerza de voluntad ni su poder de influencia que asegurará esto. Todo depende de que usted tenga su vida llena de Dios y de su poder. Y eso una vez más depende de vivir la verdadera vida del pámpano, permaneciendo en la vid, en una comunión muy cercana e inquebrantable con Cristo. El pámpano que permanece en Él, es el pámpano que da mucho fruto, y ese fruto permanecerá.

Bendito Señor, oro a ti para que reveles a mi alma, que tú me has elegido para dar mucho fruto. Que esta sea mi confianza, que tu propósito pueda ser realizado, tú me elegiste. Que esto sea mi poder para abandonar todo y darme a ti por completo. Tú perfeccionarás lo que has empezado. Acércame para morar en el amor y en la certeza de ese propósito eterno, que el poder de la eternidad puede poseerme, y que el fruto que yo doy puede permanecer.

Para que deis fruto. ¡Oh, mi vid celestial, mi alma está empezando a entender que el fruto, más fruto, mucho fruto y el fruto que permanece, es lo único que tú tienes para darme, y lo único que como pámpano tengo para darte! Heme aquí. Bendito Señor, cumple tu propósito en mí, déjame dar mucho fruto, fruto que permanezca, para tu gloria.

31

La oración que prevalece

"No me elegisteis vosotros a mí, sino que yo os elegí a vosotros, y os he puesto para que vayáis y llevéis fruto, y vuestro fruto permanezca; para que todo lo que pidiereis al Padre en mi nombre, él os lo dé" (Juan 15:16).

En el primer versículo de nuestra parábola, Cristo se reveló a sí mismo como la vid verdadera, y el Padre como el labrador, y pidió para Él y para el Padre un lugar en el corazón. Aquí, en el último versículo, Él resume toda su enseñanza en cuanto a sí mismo y en cuanto al Padre en el doble propósito para el cual Él nos eligió. Con referencia a Él mismo, la vid, el propósito era que puedan dar fruto. Con referencia al Padre, era que cualquier cosa que pidieran en su nombre, sería hecho por el Padre en el cielo.

Así como el fruto es la gran prueba de la verdadera relación con Cristo, así la oración es la prueba de nuestra relación con el Padre. Una permanencia fructífera en el Hijo, y una oración que prevalece, hacia el Padre, son las dos grandes marcas en la vida cristiana verdadera.

"Para que todo lo que pidiereis al Padre en mi nombre, él os lo dé". Estas son las palabras finales de la parábola de la vid. Todo el misterio de la vid y sus pámpanos nos lleva al otro misterio: ¡Que todo lo que pidamos en su nombre, el Padre nos lo dará! Vea aquí la razón de la falta de oración y de la falta del poder en la oración. Es porque vivimos muy poco la vida verdadera del pámpano, y porque nos perdemos muy poco en la vid permaneciendo enteramente en Él, que nos sentimos tan poco obligados a la mucha oración, tan poco confiados en que seremos escuchados, y por eso no sabemos cómo usar su nombre como la llave del almacén de Dios. La vid plantada en la Tierra se extiende hacia el cielo; solo el alma que permanece

entera e intensamente en Él, puede extenderse hacia el cielo con el poder para prevalecer. Nuestra fe en la enseñanza y en la verdad de la parábola, en la verdad y en la vida de la vid, debe ser probada por el poder en la oración. Esta vida de permanencia y de obediencia, de amor y de gozo, de limpieza y de dar fruto, seguramente llevará a la oración que prevalece.

"*Todo lo que pidiereis*". La promesa fue dada a los discípulos quienes estaban listos para dar la vida por su prójimo en la semejanza de la vid verdadera. Esta promesa era toda la provisión que ellos tenían para llevar a cabo la obra; la tomaron literalmente, creyeron en ella, la usaron y la encontraron verdadera. Démonos, como pámpanos de la vid verdadera y en su semejanza, a la tarea de la salvación de los hombres y de dar fruto para la gloria de Dios, y encontraremos una nueva urgencia y un nuevo poder para orar y para demandar el "*todo lo que pidiereis*". Despertaremos a nuestra maravillosa responsabilidad de tener en tal promesa las llaves de los almacenes del rey que Él nos ha dado, y no descansaremos hasta que hayamos recibido el pan y la bendición para los que perecen.

"Yo os elegí a vosotros, y os he puesto para que vayáis y llevéis fruto, y vuestro fruto permanezca; para que todo lo que pidiereis al Padre en mi nombre, él os lo dé". Amado discípulo, por encima de todo busque ser una persona de oración. Este es el supremo ejercicio de su privilegio como pámpano de la vid; esta es la prueba completa de su ser renovado en la imagen de Dios y en la imagen de su Hijo; este es su poder para mostrar cómo usted, como Cristo, no vive para sí mismo, sino para otros; aquí usted entra en el cielo para recibir regalos para los hombres; aquí su permanecer en Cristo lo ha llevado a la permanencia de Él en usted, para usarlo como un canal y un instrumento de su gracia. El poder de dar fruto para los hombres ha sido coronado por el poder para prevalecer con Dios.

"Yo soy la vid, y mi Padre es el labrador". La obra de Cristo en usted es traerlo hasta el Padre para que su palabra pueda cumplirse en

usted: *"En aquel día pediréis en mi nombre; y no os digo que yo rogaré al Padre por vosotros, pues el Padre mismo os ama"* (Juan 16:26-27). El poder para el acceso directo al Padre por causa de los hombres, la libertad para interceder demandando y recibiendo bendiciones para ellos en fe, es el ejercicio más alto de nuestra unión con Cristo. Que todos los que sean plena y verdaderamente pámpanos, se entreguen a la obra de intercesión. Es la única gran obra de Cristo, la vid en el cielo, la fuente de poder para toda su obra. Hágala su única gran obra como pámpano: Será el poder de toda su obra.

"En mi nombre". Sí, Señor, en tu nombre, en el nuevo nombre que te has puesto aquí, la vid verdadera. Como pámpano, permaneciendo en ti con total devoción, en plena dependencia, en perfecta obediencia, en una permanencia fructífera, vengo al Padre, en ti, y Él me dará lo que pido. ¡Oh, permite que mi vida sea una vida de intercesión incesante y persistente! ¡Amén!

Esperamos que este libro
haya sido de su agrado.
Para información o comentarios,
escríbanos a la dirección
que aparece debajo.

Muchas gracias.

info@peniel.com
www.peniel.com